上海市普教系统
名校长名师培养工程

重塑班级

王卫明 著

上海教育出版社
SHANGHAI EDUCATIONAL
PUBLISHING HOUSE

序　言

我和王卫明老师相识多年,曾多次共同参与研究活动,在班级研究领域有过多次合作。还记得有一次,我去王老师学校参加研讨活动,那时王老师从小学一年级开始,重启一轮九年的研究。当天,王老师谈起自己如何与学生交往、与家长合作。那种因投入创造性的实践、面对一系列挑战、成就更多学生和家长而带来的专业体验,让人印象深刻。今天有幸拜读王老师的著作时,这样的形象立刻浮现出来。

也许,正因为扎根在富有创造性的班级建设实践中,经过多年积累、认真研究、用心投入,才会有这本书的出版。

写过书的人,更容易理解这个过程的艰苦与创造性。作为读者和该领域的研究者,我觉得本书有三点值得关注。

一是以核心问题群为线索建构思想。有关班主任工作、班级建设的书不可谓不多,而且,几百万中小学班主任的存在,也呼唤更多高质量的班级建设研究成果出版。与同类书相比,本书聚焦儿童的成长需求与班级生活的关系,并通过对"班级角色""班级组织""班级会议""班级活动""班级评价""班级空间"等核心主题的讨论,系统、全面地呈现了班级生活发展的新格局。对这些核心主题的关注,扎根在丰富的班级生活细节中,但也跳跃出其烦琐性、细碎性,进入到对班级生活的结构性理解和对重大问题的清晰认识,进而形成了班级生活研究的整体图景。这样的思维方式和表达方式,对于更多班主任的工作和发展,是富有启发的。

二是以理性精神贯穿班级建设实践。面对复杂的班级生活,中小学班主任既是引领者,又是主体之一。从提升班主任工作的专业品质角度来看,班主任应积累实践智慧,与丰富的情感形成合力。本书的每一部分都从实践困惑环节入手,经过概念辨析、理性思考等环节,进入操作策略环节,辅之以丰富的案例分享。如此写法，事实上呈现了班主任的一种工作或发展方式。也是基于这种理性精神和专业研究，作者才能鲜明地提出一系列的变革思想，对班级生活的发展方向与路径进行有力度的阐述。相信更多中小学班主任能从其中读出思路、读出路径、读出力量。

三是以实践充实班主任的专业生活。本书的写作以科研项目为支撑，基于扎实的研究过程，但更为重要的是作者扎根在实践中，把教育科研成果写在真实、丰富的实践中。因此，从作者与著作关系的角度来看，这呈现了中小学班主任的一条发展道路。更多的中小学班主任可以像作者一样，以研究引领实践，以实践生发研究，以研究性的变革实践充实自己的专业生活。据我所知，王老师也在组织、领导相关工作室和研究团队，也在引领更多中小学班主任走上专业发展道路。而且，这种方式的专业生活和专业团队建设，不仅在上海，而且在北京、广东、浙江等地，在城市和乡村，都有丰富的表达。

中小学班主任与学生、家长合力，朝向理想的班级生活，重塑班级，是一件非常有意义的事。

华东师范大学上海终身教育研究院
执行副院长、教授、博士生导师
李家成
2023 年 2 月

目　　录

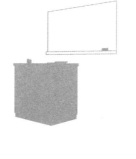

主题一

成长需求的满足

怀揣着成长的梦想，

来到了班级，

开启了班级公共生活。

班级公共生活是一部长长的连续剧，

每集剧情都可以自由编辑，

每位学生都可以成为主角，

每位班主任都可以成为最佳导演。

1 理想班级：从孤单生活到共同生活

实践困惑

每位学生都有"班长梦"

某个寒假，带一年级学生的班主任走街串巷去家访，和家长交流孩子的情况。

一位学生的奶奶问："老师，你说我们家的孩子很优秀，可他为什么没有当班长呢？"对于这个问题，班主任一时语塞。

这时，原本坐在旁边开开心心的孩子有些局促不安了。奶奶鼓励道："孩子，继续努力，争取当班长。"孩子点点头。

对于奶奶的逻辑，班主任表示不理解：孩子优秀与当班长之间有什么因果关系呢？ 一个班级只有一名班长，没有当班长并不能说明孩子不优秀。

我想成为主角
——一位七年级学生的心声

如果说班级生活是一部长长的连续剧，那么我也想在其中的某个时刻成为主角。

运动会上，我第一个冲过终点线！我还没缓过劲儿来，同学们就奔跑着围了上来，欢呼雀跃地呐喊："我们班第一！我们班第一！"杨同学激动地搂住我的肩膀说："你真了不起，在最后时刻反超对手！"沈同学得意地对旁边其他班级的学生说："我们班的替补厉害吧！"班主任向我竖起了大拇指……这是我在班级生活中的高光时刻——替补成了主角。丑小鸭从此可以像白天鹅一样展翅飞翔。

有人说，每位学生都有"班长梦"。也许，"班长梦"不仅仅是学生的，也是家长的。很多家长把自己小时候未实现的"班长梦"寄托在了孩子身上，但一个班级只有一名班长，"班长情结"怎么解？

一个偶然的机会使替补成为主角，学生变得更加自信。班级生活中该如何培养学生的自尊心与自信心，如何由偶然走向必然？

这两个问题看似不同，实则都指向同一个目标——让学生在班级中更好地发展。由此提出了以下教育问题：理想的班级公共生活是什么样的？ 如何构建理想的班级公共生活？

概念辨析

公共生活是指公民在公共领域参与公共事务的各种交往活动。[1] 班级公共生活是指班级成员平等参与班级公共事务、化解人际冲突、实现班级自治的交往活动。[2] 由于班级具有"自功能性",即班级的功能是指向班级成员自己的,班级公共生活与一般的公共生活有一定差异。班级公共生活(以下简称班级生活)不仅是为了解决班级公共事务,还是为了培养班级成员的公共理性及其参与公共生活、化解人际冲突的能力。理想的班级生活,简单说就是建立一个拥有公共精神的王国,一个互相交流思想、保守孩子成长秘密的王国,一个孩子生命健康成长的王国,一个培养公共品格的王国。[3]

班级生活是班级成员有意识建构的。建构什么样的班级生活,要看培养什么样的人。《国家中长期教育改革和发展规划纲要(2010—2020年)》提出,要"加强公民意识教育,树立社会主义民主法治、自由平等、公平正义理念,培养社会主义合格公民"。我们的目标是培养社会主义合格公民。社会主义对于公民来讲,不是政治标签,而是制度对人的社会性的本质要求。社会主义公有制决定了社会主义公民以公共利益为核心,社会主义公民作为社会共同体的一员而存在,具有公共性。因此,社会主义公民必须对国家、社会、集体负责任,是参与公共事务、具有公共性的积极公民。[4]

理性思考

从中小学生发展的角度来说,班级主体的虚假性一直是一个严重的问题,目前还没有较好的解决办法,例如,中小学生"被参与"和"被管理"的境遇一直被诟病却很难改善。学生主体性呼声渐起,该如何确立学生在班级生活中的主体地位?从研究视角来说,管理视角转向需求视角是教育立场转变的必然要求,满足学生的成长需求是班主任坚持儿童立场的必然要求。

从班级建设的角度来看,班级管理、班级活动、班级文化是班级工作的三大研究重点,但很多研究者恰恰忽视了这三大工作及其研究所依存的班级生活。"兵法""手册"之类,把融生动活泼、喜怒哀乐于一体的儿童生活推向了技术化、理性

[1] 王雄,朱正标.重建学校公共生活——中小学公民教育的理论与实践探索[J].中国德育,2007(8).
[2] 马兰霞.公民教育视野下"班级公共生活"的构建[J].思想理论教育,2010(20).
[3] 卜玉华.班级生活与公共精神的养成[J].中国德育,2008(6).
[4] 冯建军.公民教育视野中的班级公共生活及其建构[J].教育科学研究,2017(7).

化、工具化、操作化的一种状态。面对这种情况,反省当代教育学界对班级生活的理解,还原儿童的班级生活真貌,成为一项迫切的课题。①

从班主任专业发展的角度来看,亟须解决"班级怎么建设""班主任专业发展的实践路径有哪些"等问题。班级是学生的生活、学习场所,对于学生的成长具有重要影响。在新时代背景下,班级生活的重建,除了变革,别无他法。

💡 **操作策略**

班级生活的过程是指以促进班级成员的公共性发展为目的,通过师生、生生主体间的公共交往与民主协商来构建班集体的过程。② 这个过程以构建班级公约为前提,以参与班级公共事务治理为纽带,以建设班集体为目标。班主任要关心学生,对学生负责,成为班级生活的引导者。

1. 公共决策:培养真正的班级小主人

班级建设中较大的问题是班级主体的虚假性。班主任牢牢掌握着班级控制权,以其意志为班级意志,班级事务和班级活动只能在其指导下进行,学生的主体意识逐渐淡薄,班级逐渐成为空壳,班级生活特有的教育性也随之消失。

我们需要什么样的班级?我们需要什么样的班级生活?这些事关学生切身利益的问题,理应交给学生去思考和践行。很多班主任已经在实践班级生活的公共决策,并且发现经由公共决策的班级管理和活动效果优于班主任的"一言堂"。如何将班级生活公共决策最优化,还有待我们进一步去探索。

2. 日常运行:给予学生成长的机会

目前,班主任每天要面对班级日常检查和评比,为了维护所谓的"班级面子"和争夺唯一的流动红旗,不得不亲自督阵,大多数学生则是无条件服从和被管理。其结果是,班主任手忙脚乱,班干部队伍固化且忙碌劳累,大部分学生游离在外,班级生活在很大程度上被剥夺。

殊不知,班级生活中的实践是价值难以估量的成长机会,没有实践就没有发展。日常情境虽然是一日又一日的重复,但学生会在其中厚积而薄发。关注班级生活的日常运行,把实践的权利和自由还给学生,学生就会以成长来回报班主任的工作。

---

① 卜玉华.班级生活与公共精神的养成[J].中国德育,2008(6).
② 冯建军.公民教育视野中的班级公共生活及其建构[J].教育科学研究,2017(7).

3. 共同评议:倾听学生真实的声音

学生对于班级公共生活的满意度和主观感受会影响其生活的情绪指数,班主任要鼓励学生用班级会议与周记等形式充分表达观点。据不完全调查,对于班级管理和活动的学生评价,有的班主任不关注,有的班主任听之任之,有的班主任不安排或较少安排时间……不听或听不到,并不代表学生的声音就此消失。

在一定的议事规则下,允许学生表达自己的感受,允许学生为自己辩护,允许学生提出意见。有了这三个"允许",班级生活才有改善的基础和可能。班主任不用担心评价场面失控,也不用担心学生偏心偏私,在午会和班会这样的公共场合,学生会进行理性思考。如果有不恰当的地方,班主任及时进行引导即可。

4. 寻求变革:重建适合学生的班级生活

如今,我国教育在不断进行变革,创新驱动,转型发展。不同年级、不同发展阶段的学生的班级生活需求并不相同。我们要着力建设学生需要的班级生活,从而促进学生的发展,这就要求班主任有变革的勇气和创新的精神。

虽然变革可能会出现新问题,但我们要相信,实践会产生教育智慧,班主任的专业成长也会由此产生。当然,班级生活的变革动向同样需要学生共同决策。师生在讨论中达成共识,才能真正实施。需要说明的是,我们主张渐进式变革,不主张"休克疗法",更不赞同以变革的名义扰乱班级生活秩序。

班级"小拍客"

八年级第二学期,班级除了在日常行为规范评比中没有得到流动红旗外,其他方面都较好。如何改变呢? 我想"用镜头说话",这项提议得到了学生的赞同。

第一周,我用数码相机进行拍摄,捕捉了早自修、升旗仪式、值日等镜头。周五,我用幻灯片反馈学生本周的日常行为表现,学生都很感兴趣。从旁观者的角度来看自己,让他们感觉很新鲜。

第二周,"小拍客"班长出场了,她的拍摄主题是"我的眼里只有你"。班长工作有思路,名字敢创新。镜头所向之处,有的同学会躲,有的同学欢迎,有做错事的就更不用谈了。于是,"小拍客"解释道:"我们对事不对人,拍的是现象。"第二周的拍摄还算顺利,周五的反馈如期进行,效果也很好。可贵的是,"小拍客"还拍了学校大厅里的"行为表现排行榜"。"我们班级榜上有名!"大家都很高兴,这是一种自我激励。一位学生在随笔中写道:"开学至今,班长手里有了一项新武器——照相机。拍照的目的是让大家进步，一定要记住这个目标，怎么做不重要，有成效才行。"

第三周，日常行为规范评比的流动红旗出现在班级中。起初，镜头聚焦散落的美，后来，"小拍客"主动发现身边的美，积极引导同学创造美。我想，在美育中成长起来的学生，长大后也会拥有诗意人生。

（上海市鞍山实验中学 胡然老师）

案例中的班主任创造性地用镜头来记录学生的日常行为规范和班级生活的点点滴滴，镜头中的亮点成为班级的新风尚，镜头中的不足促进班级生活改进。教育需要讲究形式，常变常新会让学生始终保持新鲜感。但是，比形式更重要的应该是内容，如果能以形象、深刻的内容去引导学生，那么，对学生的影响将是长远的。坚持用镜头告诉学生正确的做法，教会他们如何做，教育的效果要远远大于苍白的说教。

班级"小拍客"之所以能取得实效，是因为以下几点：(1)班级成员公共决策，班主任提议，学生赞同；(2)由学生负责日常运行，班主任示范后，由班干部接手，接下来所有学生依次参与其中；(3)在边运行、边共同评议中，"小拍客"的行动不断优化，学生也在不断规范自己的行为；(4)"小拍客"不仅成了班级生活的记录者、监督者和促进者，而且让班级生活在信息时代变得时尚、有趣味、有意义。

2 成长需求:从少数获得到全体满足

实践困惑

为什么拒绝老师的好心好意

"上午已经考了两个科目,下午还要考吗?"

"不要,不要啊!"

……

班级里传出一阵反对声。

"你们怎么这么不懂事?难道你们不想考好试?"老师有点生气,但还是苦口婆心地说,"我也是为你们着想,希望你们期末测试考得再好一点。这张试卷非常重要,我花费了好长时间才整理出来,有重点题型、必考题型、错题类型、知识难点。明天就要测试,今天又没有其他时间……"

类似的场景在教室里时常出现,也许最终的结果会有所不同,但这个问题必须要面对:学生为什么拒绝老师的好心好意呢?

从学生的角度来看,期末复习阶段时间很紧张,整个上午已经够忙碌了,午饭刚刚吃完,下午还有课,他们中午想要休息一下,不希望老师侵占短暂的自由休息时间。学生反对的理由很充分。从老师的角度来看,其目的是让学生考好试,试卷也是老师付出了很多时间和努力的成果,且没有其他时间了,只能利用中午的时间,似乎也情有可原。

从案例表面来看,似乎"公说公有理,婆说婆有理"。从教育理念来说,是以应试为本,还是以学生的成长需求为本?

概念辨析

成长需求是指中小学生在班级生活中为了实现个体成长而产生的发展性需要。成长需求分为个性成长需求和共性成长需求,本书主要探讨后者。

我们以"说说自己心中理想的班级生活"为题进行调查研究,主要采用了开放式问卷调查、日常访谈、座谈会讨论、周记反馈四种方式。经过整理、分析、归纳,我们发现,学生在班级生活中的共性成长需求主要集中在四方面。一是无条件被爱。无条件被爱是指在没有任何附加条件的情况下得到老师、同学的尊重和关爱,而不是被选择性地冷落、忽视和抛弃。二是公平参与。公平参与是指在班级生活中有均等的机会参与班级事务和班级活动,而不是一直被管理、被要求和被旁观。三是自由活动。自由活动是指在时间紧张的班级生活中能有一定的时间开展游戏、娱乐等自主性活动,而不是一直在上课和做作业。四是获得帮助。获得帮助是指学生在需要的时候可以通过班级中的求助途径获取老师和同学的帮助。学生更希望得到老师和同学的主动帮助。

基于众多班主任多年的班级实践与研究,我们发现中小学生的共性成长需求存在以下特点:(1)班级建设越是薄弱之处,学生的共性成长需求越多;(2)共性成长需求满足度越高,学生对班级的满意度越高;(3)共性成长需求的层次随着班级建设层次的升高而升高。

根据共性成长需求的特点,班主任可以较为准确地把握班级建设的阶段性重点和难点,明确班级公共生活建设的整体思路、行动方案。当然,班主任也要兼顾学生的个性成长需求。

🔔 理性思考

案例中,教师的做法之所以被很多学生反对,是因为教师只考虑了学生第二天要期末测试,不顾中午学生要休息的共性成长需求。就本案例来看,我们想要表达两点。

1. 拒绝以应试为本

"为什么老不及格""怎么又没完成回家作业""难道你不想进步吗"……这样的话语表达了"孩子应该怎么样",却没有考虑"孩子想怎么样、能怎么样"。简而言之,以应试为本是指学校、教师和家长从应试需求出发来要求学生和布置学习任务,较少考虑学生在生理和心理等方面的需求。现在已经进入 21 世纪,教育者要深入理解和贯彻素质教育思想,重视中小学生的全面发展,全方位关注学生的成长需求。

2. 提倡以成长需求为本

以成长需求为本是指以中小学生的各种需求为出发点,以其已有的发展状态为基点,在建班育人过程中帮助他们健康成长,同时推进班集体建设。以成长需求为本,符合以人为本的教育理念和需求理论。教育的本质之一就是为学生服务。在班级生活中满足中小学生的成长需求,也是《中华人民共和国未成年人保护法》等法律中规定的未成年人的权利。

需要注意的是,成长需求指的是学生合情、合理、合法的需求,对于有些非理性的要求和愿望,班主任需要仔细甄别并给予说明引导。以成长需求为本,并不是一味听从学生的想法,如果任凭学生想干什么就干什么,这就走向了另一个极端。基于多位优秀班主任的多年实践经验,我们认为必须恪守两条原则。

(1)以合法和安全为前提。生命至上,安全第一,这是班主任必须时刻牢记和警醒的,没有生命谈何教育。中小学生还不成熟,想法往往比较简单,班主任应该时刻注意安全问题。班主任要依法执教,把法律与规则意识深植于心,组织的任何教育活动都要置于相关规定的框架之中。以安全为由不开展教育活动是不正确的,以成长需求为由超越教育安全规定肯定是不对的。

(2)不要迎合或取悦学生。有的学生不想穿校服,有的学生希望多开设自己喜欢的篮球课程,有的学生希望在校园里自由使用手机……从实践来看,有些学生的愿望因为现实条件限制而不能达成,有些学生的想法因为违反相关规定而不能满足……以学生成长需求为本,并不意味着完全迎合学生的想法或取悦学生,而是必须从班级和学生的实际出发。

💡 操作策略

以成长需求为本,需要班主任在建班育人过程中尽可能地了解、尊重、满足学生的共性成长需求,把班级建设成一个有利于全体学生健康成长的地方。

1. 了解学生的共性成长需求

学生成长的过程是需求逐渐被满足的过程,从这个意义来说,每位学生的需求都要被倾听和重视。了解每位学生的需求,对整个班级建设和学生个人成长都具有十分重要的意义。了解学生的共性成长需求是班级建设的逻辑起点,如果不了解或了解有限,建班育人就成了无本之木、无源之水。

不同区域、不同学校、不同班级的学生的需求虽然有很多共性,但也存在较大差异。班主任要想了解清楚每位学生的个性成长需求,同时把握班级学生的共性成长需求,确实有一定的难度,但只要班主任有这样的意识,随着调查的深入开展,其工作智慧和研究能力就会不断增长,班级建设就会有突破性发展。

(1)开展微型调查。微型调查,也称小调查,是指针对班级或学生的某一个具体方面开展小型调查。微型调查的途径和方法包括进行问卷调查、与个别学生谈心、召开座谈会、梳理学生周记中反映的问题、梳理班级日志中的问题……如非必要,尽量不要通过手机来进行调查。微型调查的好处在于班主任可结合原有工作方式开展。同时,微型调查针对某一具体问题,方便学生根据自己的理解进行具体表达,可使学生感觉到自己的想法和意见被重视了。从实际效果来看,微型调查的过程也是满足学生共性成长需求的过程。

(2)掌握动态变化。学生是成长中的人,班级是发展中的班级,在学生的不同成长时期和班级的不同发展阶段,共性成长需求也在悄悄发生变化,由低层次需求向高层次需求不断发展。原有的共性成长需求被满足后就不再具有激励作用了,新需求的不断满足才有价值。从实际情况来看,新建班级与原有班级、开学前与开学后、目标实现前与目标实现后的共性成长需求是不同的。班主任需要在班级建设的不同时期进行跟踪了解,掌握其动态变化,从而对班级活动和班级管理等进行相应的调整,以便顺应学生成长的新需求。

2. 关注学生的隐性成长需求

即使开展了调查,班主任也未必能了解到学生的真实需求,这是因为有的学生在语言表达上有一定困难,有的学生由于胆小、害羞和自卑等不敢表达,有的学生不愿意表达……

虽然隐性成长需求比较难了解,但也不是无迹可寻。学生的隐性成长需求往往隐含在日常话语中,隐藏在举手投足中,隐匿在神态表情中。比如,有的学生会说"如果我参加,肯定没问题",有的学生把奖品摸了又摸。班主任在班级生活中要用一双慧眼去观察,用一颗慧心去解读。

如果隐性成长需求一直未被满足的话,不仅无法发挥其激励作用,还会产生深远的负面影响。如果隐性成长需求激活太迟的话,将错过班级建设和学生发展的关键期。如果隐性成长需求能够得到及时满足,对于建班育人会有巨大的促进作用。

3. 以共性成长需求促进学生发展

需求是学生成长的动力,没有需求,学生就难以成长。若想学生不断成长,就要不断激发学生的成长需求。学生有最近发展区,班级也有最近发展区,班主任要善于以共性成长需求促进学生发展,使学生和班级进入更高层次的发展区。这是班主任建班育人的使命。

一是活用吸引定律。基于自由活动的共性成长需求,师生一起设计感兴趣的活动,不断讨论和完善活动方案,同时要注意邀请和帮助一些内向的学生参与班级活动。班级生活的吸引力在活动进程中会不断增强。

二是善用共生效应。基于公平参与和获得帮助的共性成长需求,班主任要建立自主选择和轮流轮值等组织机制,为学生提供各种参与班级活动的机会,善于发动和组织学生开展互帮互助的活动,引导学生开展合作学习,营造积极互动和良性竞争的班级氛围。

三是常用激励法则。基于无条件被爱的共性成长需求,班主任要在班级中提倡互相关爱和乐于助人,以鼓励和表扬来积极评价,引导学生热爱班级生活,树立自尊和自信,促进学生健康成长。

又是唱歌,真没劲

"老师,十分钟活动每次都是唱歌,我们都唱烦了。这活动真没劲!"

"我明白了,大家对十分钟活动有自己的想法了。这样吧,今天不唱歌了,我们利用接下来的午会课讨论一下,大家一起来献计献策。"

经过讨论,学生提出了"天天十分钟,天天不一样"的活动思路。于是,班主任引导学生继续讨论"可以开展的活动"。最后,大家一致同意先开展表1-1中的活动。活动规则:十分钟活动实行项目负责人制度,想参与项目的学生可以提前一周向项目负责人申报;每位学生每月至少参与项目一次,可以独立申报,也可以组队申报。如果有学生提出新项目,在征求意见后可以替换。

表1-1　十分钟活动安排表

时间	活动内容
周一	新闻大主播
周二	请你玩游戏
周三	我是演说家
周四	班级好声音
周五	有话一起聊

"同学们,明天午会上,我们召开项目负责人招聘会,欢迎大家踊跃参与!"班主任宣布了招聘要求。第二天午会课,经过激烈的竞聘后,首轮项目负责人名单产生了。在放学前,每位学生都成功申报了想参与的项目。

在新的一周里,学生说:"天天有活动,天天又不同,这太棒了!"这不,每天十分钟活动时,窗外挤满了其他班级的学生。

(上海市松江区仓桥学校 金婉娟老师)

单一的活动内容容易让学生产生疲劳感。十分钟活动原本是为了调节学生的学习生活,因为不符合学生的成长需求,反而成了学生的成长负担。之后,学生根据自己的真实需求,把活动内容变得丰富多彩。每天不同的活动方式,让学生在紧张的学习生活中有了放松的机会。同时,这些项目是学生提出的,他们会觉得自己有了一定的话语权。从服从学校和班主任的安排,到成为项目的主人,这种感觉真的妙不可言。

班主任在尊重学生成长需求的基础上,引导他们去讨论,选出自己真正想参与的活动,体现了以成长需求为本的教育理念。通过讨论,学生不仅丰富了活动内容,还明确了活动规则,真正实现了"我们的活动我们做主"。最值得赞赏的是,班主任采用招聘项目负责人的方式,让学生发挥自己的潜能,在活动中锻炼与提升能力。

3 变革策略:从被动待变到主动求变

实践困惑

好方法"水土不服"

现在,许多学校很重视班主任培训,培训类型和内容很多,也很注重理论与实践相结合。年轻班主任热情很高,会主动把培训中学到的好方法用于自己班级的实践。一次座谈会中,年轻班主任纷纷表达了自己的实践体会:

- 有的方法刚开始用时很有效果,可是过一段时间,就会出现很多问题,我也不知道是怎么回事。
- 有的方法在班级里无法实施,我教了许多遍,学生仍不懂该怎么做。
- 有的方法第一年用是有效的,可到了第二年,学生就不感兴趣了。
- 光讲方法有时也不太管用,看来还得亲自抓。

……

好方法为什么会"水土不服"呢?其实,好方法也有其适用场景,依葫芦画瓢只是形似,关键还是要根据班级实际情况加以灵活运用。简而言之,方法也要变化着运用。

时代在不断发展,学生在不断长大。随着年级升高,学生的知识不断丰富,思维不断发展……诸多变化一直在发生,一成不变的班级生活怎么能满足学生的成长需求呢?简而言之,变革也是班级生活的主旋律。

概念辨析

班级生活变革是指在党的教育方针和社会主义核心价值观引领下,为了顺应时代发展的需求、适应国家课程改革和满足学生的成长需求而进行的班级生活的更新、重建和创新,从而提高班级生活质量并促进中小学生发展。

成长需求与班级生活变革可以互相影响。其一,成长需求可以推动班级生活变革。以成长需求为本,践行和落实以人为本的教育理念,是班级生活变革的出发点。任何偏离或不符合学生成长需求的班级生活变革都不会取得良好成效。其二,班级生活变革可以催生新的成长需求。班级生活变革符合学生的成长需求,就能够不断激发学生个体的内驱力。个体需求得到满足,班级目标得以实现后,学生就会产生新的需求,班级就会追求更高的发展目标。

🔔 **理性思考**

1. 班级生活的相关研究

华东师范大学"新基础教育"相关研究者强调,通过革新学生浸润其中的以课堂教学和班级生活为基本内容的日常实践,为每一个生命个体生命意识的觉醒与生命力的绽放创设良好的成长氛围和发展基础。

华东师范大学卜玉华教授认为,要还原班级生活应有的独特育人价值。上海市特级教师马兰霞认为,由于班级的"自功能性",班级公共生活是指班级成员平等参与班级公共事务、解决人际冲突、实现班级自治的交往活动。华东师范大学李伟胜教授认为,"新基础教育"班级评价方案主要由班级建设综合评价表和班级主题活动评价表两部分组成,其主旨是衡量学生成长状况,提升班级生活质量。中山大学管理学院蒋莉认为,只有"让孩子成为他们自己"的班级生活才是我们必须为孩子们创造的,才是孩子们成长所必需的。

2. 班级生活变革的三种趋势

上海市特级教师王洪明认为,在当代,出现了组织观、环境观、成长路径观三种班级生活变革观点。这些观点勾勒出班级生活变革的三种趋势。

一是班级生活变革的组织观。作为教学组织形式的班级生活变革,包括学分制、小班授课制、自由听课制等。作为管理组织形式的班级生活变革,主要围绕两方面展开:(1)围绕班级管理者(班主任)的变革;(2)围绕班级管理模式的变革。作为教育组织形式的班级生活变革,使班级建设的重心从管理转向关注教育的需要。

二是班级生活变革的环境观。班级是学生学习、生活的重要场所,从这个视角审视班级生活变革,应主要围绕场域和人际关系展开。

三是班级生活变革的成长路径观。对学生来说,班级建设是他们成长的重要路径之一,成长需求和导师制是班级生活变革的两大视角。

专家学者的研究和班级实践都表明:与时俱进且能够满足学生需求的班级生活有利于促进学生的发展。我国在创新驱动中转型发展,学生生命浸润其中的班级生活也必须紧跟时代步伐进行改革和创新。

3. 班级生活变革的意义

一是提升班级生活品质。就中小学生发展而言,通过班级生活变革来提高班级生活质量,从而满足中小学生的成长需求,可以极大地改善他们在班级中的生存状况,为他们的可持续发展提供有力的支持。快乐的班级生活可以为他们一生幸福奠定基础。

二是提升班主任的专业能力。就班主任专业能力提升而言,班级建设的具体案例可供班主任借鉴和再实践;班级生活变革的实践经验可以丰富班主任工作的内涵;班级生活变革中普适性的策略、方法和途径可供班主任参考和借鉴。

三是提升学校的办学品位。就其他学科教师和学校领导而言,把班级生活作为一个相对独特的学校教育实践领域,提升中小学生的学业质量,提升学校的办学品位和质量,系统研究班级改革问题,具有重要意义。

操作策略

班级生活变革,变什么?怎么变?变成什么?从班主任的角度讲,需要结合班级实际情况,需要讲究策略,也需要借助具体的方法。

1. 顺变策略,顺应变化

顺变策略是指顺应时代发展、社会转型、课程改革、育人需求等进行的班级生活变革。班主任的班级管理经验、学习生活体验往往与时代生活紧密相连。以往,"小红花""小贴纸""小图章"等都深受学生的喜爱。生活在数字时代的学生,更加喜欢直观、即时、动态的呈现方式,微信群、QQ群等顺应了他们的心理需求。

如某位班主任发现班级学生的作业完成情况差距较大。针对这个问题,班主任先进行了访谈,了解了班级学生作业的整体完成情况,发现部分学生完成作业的动力不足,导致写作业的时间拉长。于是,班主任在班级群发起作业完成时间的接龙活动。第一天,第一位学生打卡的时间与最后一位学生打卡的时间相隔四个多小时;几天后,间隔时间缩短到两个小时左右。两周后,班主任就作业完成接龙情况召开班会讨论,大大提升了学生做作业的动力和写作业的效率。

2. 单变策略,找突破口

单变策略是指寻找班级生活变革的突破口,从而使班级生活产生连锁反应。要想让班级生活有个彻底的变化是很难的,因为班级建设受很多因素影响。在无法推动整体变革的情况下,班主任要善于寻找突破口,从单一方面着手,进而带动整体的悄然变化。

如学生网课学习期间,刚开始,一位班主任根据学校要求,每堂课都会点名和旁听,花费了很多的时间与精力。后来,班主任对班级学生进行分组,设立两位组长轮流管理,又设立了"小组学生准时进入课堂"这一标准考核。组长运用组内提醒、一对一盯人等方式来确保准时上线率,学生人人都能准时进入课堂。

3. 渐变策略，循序渐进

渐变策略是指班级生活变革要遵循循序渐进的原则，逐步有序地推进。需要说明的是，我们坚决反对那种以改革为名的激进和冒进做法。任何一种活动或变革都需要经过一定的时间，才会慢慢显现其成效。班级生活变革也要循序渐进，把大目标分割成符合学生身心发展规律的小目标，在学生经验积累的基础上，再提出下一个发展目标，这样才能确保学生愿意去行动。当然，班主任也要做好在某个阶段学生会停滞不前的心理准备。

如针对"友爱同学"这个目标，我们可以对小学低年级学生提出"见到同学主动打招呼"的行为要求，鼓励小学中高年级学生"站在对方的角度思考"，要求初中生"不给同学起绰号"，要求高中生"不能在言语或行动上冷待、攻击同学"。这样，班主任每个阶段对"友爱同学"这个目标都有明确的行为指导，也可以根据学生的年龄特点，提出相应的行为准则。

4. 智变策略，智慧应变

智变策略是指班主任以教育机智应对班级生活中的问题，从而提升班级建设的层次。班主任发现班级生活中存在问题或瓶颈时，千万要沉着冷静。问题本身不是问题，怎么解决问题才是关键。班级的主人是学生，班主任只要真正尊重学生，问计于学生，学生自有解决问题的办法。如果班主任以平等的身份去讨论问题，学生便会竭尽全力去走出困境。如果班主任觉得自己高于学生，学生往往会应付班主任。

例如，某班主任在班级中推行"师徒制"帮教行动，一开始师徒双方都很积极，可是没过多久，"小老师"的不耐烦、"小徒弟"的不满意渐渐让班级中的学习气氛有点凝重。怎么办？班主任组织学生召开了"师徒招聘会"主题班会。经过讨论，学生觉得师徒可以双向选择，应签订师徒条约（条约内容由师徒双方讨论确定）。学生提出，既要有"小老师"的招聘权，也要有"小徒弟"的解聘权。于是，班级成员继续讨论"小老师"招聘、"小徒弟"解聘的权益。通过双方协商，"师徒制"帮教行动又朝前发展了。

班级优化大师

大数据时代，班级信息化管理给学生带来了全新的体验。

"每个工作日的早晨，他都不肯早早起床。"王同学父母的语气中充满无奈。王同学是班级中唯一上学不准时的学生。从一年级到二年级，班主任多次家访，想了不少办法,但收效甚微。

三年级时,教室里更换了多媒体设备,硬件和软件都具备了,于是班主任启动了班级信息化管理。班级常规管理中有一项是"准时上学",班主任第一个就想到了王同学。班主任问:"请你专门管理'准时上学',用班级优化大师软件给全班同学加分,好吗?"王同学答:"好呀!"班主任很惊讶。

从此,王同学每天进教室后的第一件事就是打开班级优化大师软件。第一天,他早早到校,高高兴兴地给全班同学"加1分",同学们都笑了;第二天,他给其他同学"加1分",没能给自己"加1分",同学们都笑了;第三天,他给其他同学"加1分",也给自己"加1分",同学们都笑了……第三周后,他每天都能给其他同学和自己"加1分"。第六周后,王同学的父母反馈,每天早晨他一听到闹钟响起,就立刻起床,不再赖床了;做回家作业也更积极了……想不到孩子变化这么大!

王同学的"起床困难症"能够自愈,是因为班级生活进行了变革。

(1)班主任遵从了顺变策略。在班级多媒体设备更新的条件下,班主任进行了班级常规管理方式的变革,引入了大数据时代的班级信息化管理模式。班级优化大师软件中,许多项目评价分数的输入需要管理者,这为王同学加入管理者行列提供了机会。

(2)班主任遵从了单变策略。班主任从王同学的"起床困难症"入手,邀请他管理"准时上学"一项,满足了王同学参与班级管理的愿望。案例中没有提及情绪辅导、学习习惯养成等,说明班主任没有采用多管齐下的策略,而是期待一石激起千层浪。

(3)班主任遵从了渐变策略。王同学在管理班级的时候,其实也在管理着自己,被管理者和管理者合二为一;万事开头难,班主任并不着急,王同学第三周后就能准时上学了,又巩固了三周,王同学的"起床困难症"自愈。

(4)班主任遵从了智变策略。虽然王同学管理"准时上学"一项,但他自己有时仍不能准时上学,智慧的班主任没有进行提醒和叮嘱。在班级这个公共场域中,每当王同学给自己"加1分"的时候,同学们的笑声便是表扬和鼓励,每当王同学没能给自己"加1分"的时候,同学们的笑声便是提醒和叮嘱。智慧的班主任知道:学生的改变需要时间,更需要他们自身力量的增强。

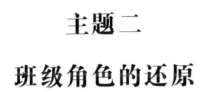

主题二

班级角色的还原

学生是谁?

学生是班级小主人。

班主任是谁?

班主任是学生的人生导师。

如何当好班级小主人?

需要在班级生活中共同学习。

如何当好学生的人生导师?

需要在班级建设中智慧实践。

1　管理角色：从管或被管到管和被管

实践困惑

劳动委员要辞职

晚上九点，班主任张老师的手机铃声骤然响起，劳动委员小杨的爸爸强烈要求将他女儿撤职，理由是他觉得女儿没有能力当好劳动委员。

小杨是这学期民主选举当选的劳动委员，工作认真负责。她每天一大早就到班级督促值日生工作，一吃完午饭就拿起抹布去和值日生一起擦餐车……办公室的几位教师都夸小杨是个称职的班干部。这学期班级卫生情况有了很大好转，连续好几周都得到卫生流动红旗，班主任张老师表扬了小杨。

第二天，张老师找小杨了解情况，她的眼泪一下子掉了下来。原来在值日生工作管理过程中，小杨发现同学们总是想办法逃避劳动，今天这个说家里有事，明天那个说身体不舒服；即使到岗了，也是拖拖拉拉，敷衍了事。小杨认真督促，刚开始值生日还装装样子，挥挥扫帚，扬扬抹布……后来，同学们就彻底不听她的了，值日成了他们嘻哈打闹的借口。

作为劳动委员的小杨特别认真负责，为了班级卫生情况不被扣分，得到卫生流动红旗，很多时候她只能自己代替值日生值日，每天很晚回家。小杨的爸爸妈妈觉得女儿为了当好劳动委员天天弄得筋疲力尽，还吃力不讨好，所以就有了开头这一幕……

从上述案例来看，是否现在的学生越来越缺乏责任心和集体荣誉感，对班级活动没有兴趣，对班级事务漠不关心，不服从班干部的管理？这是因为班干部不懂管理方法，还是因为其他深层次的原因？

劳动委员要辞职的案例不是个别现象，由此引出值得研究讨论的问题：班干部的管与学生的被管真的是一个不可调和的矛盾吗？从班级管理角色来看，只有管与被管这两种角色吗？如何发挥学生的主体性，让学生真正成为班级小主人呢？

概念辨析

所谓管理角色，是指管理者在管理行为中对自身定位的把握，是一种特定的管理行为类型。

根据明茨伯格的归类,管理者的角色可以划分为人际关系、信息传递、决策制定三方面。具体来说,人际关系角色包括名义首脑、联络者和领导者,涉及人和人之间的关系以及其他礼仪性和象征性的职责;信息传递角色包括监听者、传播者和发言人,负责搜集和传播信息;决策制定角色包括企业家、危机处理者、资源分配者和谈判者,整个管理活动依据做出的决策来执行,决策制定角色的功能就在于制定决策,这些角色互相联系、密不可分。①

有研究者指出,角色是社交系统的结构单元以及社交系统中个体成员交往时需要遵循的要求的总和。具体来说,角色的概念包含两个要点,即个体所处的位置及与这个位置相联系的要求。因为要求主要依赖于具体的角色提供者,所以角色提供者的改变常常带来角色要求的一定改变。②

角色转换是一种跨越边界的活动,指在两个角色之间发生的心理上以及相关的身体上的变动。③中小学生在班级中的管理角色转换,是指班主任变革班级管理制度和创设班级管理机会,引导学生在管理行动实施过程中去实践、体验、思考,在管理角色变化中逐步提升自我管理和自我教育的能力,从而实现管理育人的班级建设目标。

理性思考

1. 班干部角色转换失效

根据角色转换理论框架(见图 2-1),保证角色转换的有效性是解决班级管理困境的重点。

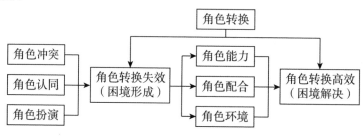

图 2-1 角色转换理论框架④

① 葛建华.明茨伯格:管理者的三类角色[J].中外管理,2008(7).
②③ 韦慧民,刘洪.工作—家庭角色转换影响因素研究评介[J].外国经济与管理,2011(3).
④ 朱涛."角色转换":隔代抚养中进城祖辈的角色困境及消解路径研究[J].西安建筑科技大学学报(社会科学版),2020(4).

劳动委员既是班级卫生工作的管理者,又是班级卫生工作中被管理的实干者。案例中的劳动委员小杨更多时候扮演的是实干者,而非管理者,造成角色冲突。班级中的角色环境不理想,其他值日生没有进行角色配合,小杨自身的角色能力偏弱,由此造成角色转换失效。

现实中,班干部角色转换失效还有一种表现,即班干部"身在其位,不谋其责"。究其原因,不是班干部主观上不作为,而是客观上能力太弱,又不敢向班主任表达,只能藏着掖着,等着班主任来处理混乱的局面。

2. 班主任过于简单地划分班级角色

对于班干部辞职、班级管理混乱等现象,有的班主任也很困惑:班干部明明是学生自己选的,职责也很清楚,学生怎么就不服从班干部管理呢?

班干部角色转换失效的深层原因是班主任对班级管理的理解过于简单。学生的首要属性是学习者,他们不仅要学习知识,而且要学习管理。班干部被选举出来管班级,并不代表班干部具有管的能力。班干部选举只是班级管理的第一步,还有班干部的培养、其他学生的引导、班级运行问题的处理等后续工作。非班干部一直被管,容易产生两种极端结果:一是无条件顺从,从此失去自己的思考,一直处于被压抑的状态中,成长也就无从谈起;二是对抗,走向情绪对立,为了对抗而对抗,即使是正确的也要毫无理性地进行对抗。

3. 班级小主人意识培养任重道远

在具体的实践中,就像上述案例中所呈现的那样,学生并没有成为班级建设的主体,也没有感觉到自己是班级的主人。究其原因,学生缺乏成为主体的条件,即享有权利和承担义务。学生能否成为班级建设的实然主体,产生主人翁意识以及相应的主体行为,其关键在于能否给学生提供享有权利和承担义务的平台。否则,学生再怎么"被主体",也无法产生主人的感觉,并以主体身份参与到班级建设中去。

新时代的学生是在自由开放氛围中成长的一代新人,中西文化的交融、碰撞在他们的价值取向和行为模式中留下了深深的印迹,他们自我意识鲜明、民主观念强烈、追求与众不同,他们对生活充满好奇,希望参与班级管理,更渴望在班级里充分展示自己的才干,感受自我实现的喜悦。

💡 **操作策略**

班主任不能把班级管理简单等同于其他社会组织的管理,更不能简单地把学生在班级中的角色分为管理者和被管理者。中小学生是未成年的学习者,除了服从管理,还要学习管理。为了破解管或被管这个简单的二分法,可以尝试引入角色转换。

1. 增加管和被管角色转换的机会,引导学生学习管理方法

现代班级管理中基本上废除了任命制,班干部产生制度主要有投票制、竞选制、轮流制、轮值制、推荐制、邀请制等,这些制度在具体运用时还可以细化,对于现代班级建设起到了很好的推动作用。但是,每一项班干部产生制度都有其利弊和适用性,因而现在提倡根据中小学生的年龄特点和班级建设的实际情况进行组合运用。

从实行情况来看,单纯的轮流制运用得比较少,因为它要求班级建设达到较高层次,所有的学生都能很好地履行管理职能。目前,绝大多数班级很难采用轮流制。从部分班级实行轮流制的经验来看,给人的感觉就是"排排坐,吃果果",不管学生愿意与否,也不用着急,到时都能轮到,有时反而会降低学生管理班级的责任心。

目前,轮值制的运用比较普遍,每位学生都有机会参与班级管理,这项制度也普遍被家长和社会认可。轮值制在具体运用的时候,按照时间长度分为值日制、值周制、值月制等,按照人数分为单人制、双人制、三人制等,有的班级还采用双班委制。单纯使用轮值制可能会出现轮流制的弊端,因此,运用轮值制时必须考虑学生的管理能力,与其他制度组合运用,其中,运用较多的是"常任班委+值周班长"。

下面介绍三种制度,仅供参考。

（1）值周班长选举制

值周班长选举制是指除已经选举出来的班委成员外,依据其他学生近期在班级中的表现,全班民主选举值周班长。为了避免选举次数过多,可以一次性选举若干位值周班长,具体人数可以视班级选举情况而定。

（2）值周班长推荐制

值周班长推荐制是指除已经选举出来的班委成员外,由班主任、任课教师、学生推荐学生担任值周班长,学生也可以自我推荐。推荐值周班长需要向全班说明具体理由（某位学生近期在某方面表现良好或取得明显进步）,如张三同学最近两

周一直准时交齐作业,比以前有进步。

（3）班委助理邀请制

班委助理邀请制是指班委会成员可以邀请其他学生参与并分担自己负责的班级条线管理工作。这个制度主要是为了弥补原来班委和值周班长人数的局限性,也有助于在班委成员因某个原因缺位时进行补位。

新官上任"三把火"烧到自己身上了

"老师,那帮家伙太难管了！早自习时不认真读书,上课立正时人站不直,下课时也不主动把课桌摆正……"新任值日班长气呼呼地来找班主任告状。

"他们为什么不听你的？"

"他们是故意的,故意让我难堪……"

"这又是为什么呢？你想过原因吗？"

"这……他们管的时候,我……我也没有好好表现……"

"哦,那你知道以后该怎么做了吗？"

"以后我也遵守纪律……"

新任值日班长面对班主任的引导有所醒悟,班级难管的终极原因还是在自己身上,新官上任"三把火"烧到自己身上了。子曰："其身正,不令而行；其身不正,虽令不行。"一次当值日班长的管的机会,改变了一个长期被管却又一直调皮捣蛋的学生。

在管和被管的角色转换中,学生认识到身为班干部不仅要以身作则,还要发挥模范带头作用,更要及时传达各种信息,团结同学,并采用各种方式增强大家的荣誉感和凝聚力……亲身经历后,学生懂得了自我管理的重要性,也学到了管理方法,有利于以后班级工作的顺利展开。

2. 促进管和被管角色的交流,加深学生的管理体验

每位学生每经过一次管和被管的角色转换,其亲身经历和体验感受都是一份难得的生成性教育资源。

（1）管和被管的自述

管和被管的自述是指班主任利用班级日志、周记、作文等形式引导全班学生描述班级生活。

自述的过程是对管和被管经历的自我回顾,是对管和被管过程中想法和情绪

的自我整理,更是对其中某些印象深刻的生活场景的再思考和再认识。或许学生的某些认识不深刻、理解不到位,但这为班主任的后续引导提供了真实的问题资源,也为班级生活的共商共建提供了有意义的方向。

（2）管和被管的对话

管和被管的对话是指利用午会或班会等时间开展班干部述职和其他学生评议活动。

苏联文艺理论家、批评家米哈伊尔·巴赫金认为,生活就其本质而言是对话。对话既是目的又是方式,它强调对话参与者的投入,没有使对话参与者产生变化的交谈不能称之为对话。

（3）管和被管的献策

管和被管的献策是指班主任发动全班学生针对班级生活的现状和问题进行出谋划策,提高班级生活的品质。

管和被管的献策让学生基于自身的不同视角和需求表达对班级生活的期待,再以班级会议的商讨形式进行头脑风暴并付诸班级决议,形成班级行动的共识。教师眼中的班级生活和学生眼中的班级生活并不相同,教师期待的班级生活与学生期待的班级生活并不一致。教师对于理想班级的期待无法强加给学生,学生对于理想班级的期待也并不一定符合班级的现实。

有了管和被管的自述和对话,献策也就有了可能。管和被管的献策是班主任引导全班学生追求理想班级生活的一条不可或缺的途径。师生在共商共议中逐步达成班级建设方向的共识,学生付诸行动的可能性也就大为提高。

奖励口香糖不管用怎么办

四年级班会课上,一位小组长求助说:"我用口香糖作为奖励,一开始很有效果,调皮的同学也听话了。可是,现在他们说要巧克力,我真不知道该怎么办。"

全班哈哈大笑,班主任请大家想办法。

"想要巧克力,也行啊! 只要他乖乖配合,我把我的巧克力给他。"有人很大方。"这次他要巧克力,下次他要自行车、手机、出国旅游,你也给呀?"有人反驳,笑声消失了。

"有口香糖吃,已经不错了,我劝那些同学不要贪心。"

"奖励吃的,不是一个好办法。"

......

班主任看到讨论走入死胡同后说:"其他小组是怎么做的呢?"

"我们小组把任务分配好,遇到问题大家一起想办法,用不着奖励谁。"

"在我们小组,大家轮流当小组长。如果有人调皮,等到他当组长的时候,我们也调皮,看他怎么办!"

"我们小组里比谁贡献大,比谁想的办法多,不比谁得的奖励多。"

......

"听了其他小组的介绍,你们小组有想法了吗?"有的学生不好意思了,班主任接着说,"下课后,你们小组再讨论讨论。"整个小组成员都点了点头。

小组长在小组管理的时候采用奖励方式却没有获得理想的效果,陷入了尴尬的境地,但班会中其他小组的献策让整个小组获得了启发。

3. 加强对管和被管角色转换的思考,促进学生自我管理

有了管和被管角色转换的机会,增进交流后,班主任还要引导学生思考,把外在的教育需求内化为学生的自我管理。

(1)管和被管的换位思考

换位思考对于中小学生而言有很大的难度,然而管和被管的角色转换,使全班学生同时具有管理者和被管理者的经历,换位思考的实现就有了真实的心理体验的基础。

换位思考,重在换位。如果没有换位,思考方式就不会转变。一直处于被管理者位置的中小学生很难理解管理者(班主任和班干部)的要求和做法,想要让他们站在对方的立场上去思考很难实现。

(2)管和被管的自我反思

法国思想家帕斯卡尔说"人是一支有思想的芦苇",曾子说"吾日三省吾身",孔子也曾强调自我反思的重要性,可见自我反思在个体的生活中占据着重要地位。自我反思作为一种自我检查,是一种哲学式的认知性思考方式,它警醒个体时刻检验自我与外在标准的差异[1]。

自我反思对于成年人来说也是一个难题,更何况中小学生是未成年人。对于

---

[1] Trapnell P D,Campbell J D.Private Self-Consciousness and the Five Factor Model of Personality: Distinguishing Rumination from Reflection[J].Journal of Personality and Social Psychology,1999(2).

中小学生自我反思的难度,班主任要有清醒的认识,进而为学生搭建思考的阶梯。有益的做法是提供给学生一些有助于正面思维的引导性问题,让学生在自我提问中进行发散性思考。可参考的问题如下:

为了解决问题,我现在可以做什么?

我有哪些弥补方案?

最快的解决问题的方法在什么时候可以出现?

什么人和什么事有助于问题的解决?

我怎样想和怎样做最有利于解决问题?

问题解决后,我会有什么收获?

班主任在引导学生正面思考的同时,也要注意引导学生尽可能避免负面思维。负面思维会逐渐使学生的目光聚集在困难和问题上,让学生失去选择方向的能力、维持最佳状态的能力、改变生活的能力,有意无意地选择自暴自弃,被动地接受生活。常见的负面思维问题如下:

我为什么会出现这个问题?

我存在哪些不足和责任?

这个问题存在多久了,我怎么就没有发现这个问题呢?

是哪些因素导致了问题的产生?我有哪些过失?

我为什么这么痛苦?我为什么这么倒霉?命运为什么对我如此不公平?

负面思维模式会让学生在不经意间产生悲观的信念,对任何事情都抱着一种怠慢的态度,各项能力都逐渐退化,没有毅力坚持目标,难以保持长久的热情,无意识地选择难度较低的事,做每一件事情都会花费过量的时间和精力,陷入习惯性无助。

组长和组员

今天召开组长述职会,各位组长依次上来汇报,有的组长表扬组员,有的组长批评组员,有的组长提出建议……有的组员笑眯眯,有的组员绷着脸,有的组员不服气……

轮到第三组的数学组长汇报了,只见她站起来后没有走向讲台,而是走向小组的后面,全班同学好奇的目光也都跟着转向了。

数学组长对坐在小组最后的"淘气包"小沈同学说:"对不起,以前早晨收作业的时候,我一直拿本子拍你的桌子,还大声地催,让你很不开心,我向你道歉。"说完,数学组长向小沈同学鞠了一躬,诚恳地说:"我保证以后不再这样做了。"

小沈同学愣了愣,也站了起来,说:"没关系,我也有不对的地方,交作业有点慢,还让你天天催,你也不开心,整个小组交作业的速度也慢了,以后我会争取快一点。"

话音刚落,全班同学不约而同地鼓起掌来,热烈的掌声响彻了教室。

组长的一声"对不起",组员的一声"没关系",全班的一片"热烈掌声",显现了班级的和谐。班主任经常召开班干部述职会,创设管和被管角色转换的机会,班级日常生活中积压的不愉快情绪就有机会得到表达,坦诚的交流过程也会增进学生对管和被管角色转换的思考,最终提升学生的自我管理能力。

2 公益角色:从班级为我到我为班级

实践困惑

黑板又没擦

"今天轮到谁擦黑板?"上课铃声响起,数学老师走进教室,习惯性地朝黑板看了一眼,立刻皱起了眉头,黑板上还保留着上节课的板书。

"值日生去哪儿了?"数学老师见无人回应,提高了音量。

"对不起,老师。今天轮到擦黑板的同学生病请假了……"班长很无奈地站了起来。

"那今天就没人擦黑板了?"面对数学老师的责问,全班面面相觑。

班长和劳动委员立刻离开座位,拿起了黑板擦……

黑板又没擦的现象在小学、初中和高中经常出现,只是次数多少而已,这个常见的问题值得我们深思。

从班级事务具体执行来看,经常遇到意外,原本负责擦黑板的学生因生病请假,或课间忙于订正错题……于是就出现了黑板又没擦的问题。

如何避免这一问题经常发生呢? 从本案例来看,只有值日生这一班级制度性的岗位角色是不够的,还需要非制度性的志愿角色来及时弥补实践中的空缺。这一现象背后更重要的问题是要培养全班学生的公益意识,使学生勇于担当班级公益角色,在班级公共生活中落实自己的权利和义务,从而成为真正的班级小主人。

概念辨析

所谓公共岗位,是指把班级公共服务性事务分解为若干工作,全班每位学生都应该承担一份或几份力所能及的工作,并使其制度化。还可以设立志愿者岗位,以在公平的基础上弘扬高尚道德,并补充制度化岗位的不足。[①]

所谓公益角色,是指在班级公共生活领域,每位学生都要承担一部分班级公共服务性事务,也包括通过各种途径和方式做有利于同学和班级的有意义的事情。

---

① 马兰霞.公民教育视野下"班级公共生活"的构建[J].思想理论教育,2010(20).

班级公益角色包括班级公共岗位角色和班级志愿角色。从班级公共岗位角色来看,有值日生、电脑管理员、图书管理员等;从班级志愿角色来看,涉及在事务上主动帮忙和替同学补位、在学习上结对帮助弱势同学、在生活上照顾身体有恙的同学等。

🔔 **理性思考**

1. 对于灌输获得的公益意识认知不到位

班级是学生生活的直接环境,班级事务与每位学生的利益息息相关。[①] 在班级生活中,我们应该为学生提供表达观点、参与班级事务的机会和平台,让他们在体验中增进对班级乃至社会公共事务的认知,掌握一些生活技能和方法,形成责任与担当等公共品质,提升公民意识。班级是学生进行社会化学习和生活的主要场所,班级的公共事务具有公益性,需要每位学生通过各种途径和方式主动参与。值日生工作是班级公共生活领域的公共事务,每位学生都要履行相应的职责。

2. 对于权威管教的公益劳动义务不服从

学生从小学一年级开始就要接受劳动教育,班级里最直接的劳动内容就是值日生工作。权威型班主任通常根据座位表安排值日生,或让班干部自行安排值日生,并由卫生委员或劳动委员每天监督班级值日工作。自觉、老实的学生每天会认认真真地完成值日生工作,调皮、不服管教的学生会以各种借口逃避值日生工作。一到放学时间,低年级的教室里就会出现班干部拿着戒尺追赶值日生的场面;高年级的教室里找不到值日生,有的悄悄溜走了,有的以其他事情为由拖延值日,然后不了了之……找值日班长和值日生了解情况时,大家都各执一词,谁都觉得自己没有错。

3. 对于硬性规定的公益职责理解不到位

班级是学生第一次正式参加的社会系统,每位学生在班级中都承担了一定的社会角色。[②]传统的"官本位"思想使班级普通学生很少有班级小主人的意识,在班干部安排不合理或不履职时,他们往往没有监督和弹劾的意识,只能采用"罢工"等消极形式来表达自己的不满。引导学生以小主人的身份参与到班级公共事务的实践中来,有助于培养学生内在的公民素质。

---

①② 蒋潇.重塑班级公共生活——培养公民的班级教育途径[D].杭州师范大学,2012.

💡 **操作策略**

1.“我能为班级做什么”,增强公益意识

公益是公共利益事业的简称,这是为人民服务的通俗讲法,涉及社会公众的福祉和利益。公益是社会公众所追求的慈善、福利、健康、救助、安全等利益的总称。公益的英文表达方式是 Public Welfare,其内涵是指公共利益。从思想上理解,公益是人类追求的理想,体现为一种美好、进取的精神。从实践上理解,公益融合在社会生活的广阔领域,现代公益已不再是传统的以慈善、救助为核心的“小公益”,而是拓展到“地球村”各个领域、各个层面的“大公益”,对于有责任感的“世界公民”来说,现代公益无处不在、人人有责。

公益意识是指个体对某个公益参与群体成员资格的认同感,一种对于这种资格产生共同价值追求和共同责任的感觉,以及一种为谋求这种共同的价值追求而采取集体行动的倾向。所以,公益意识是个体公益参与者作为一个群体当中的成员资格认同感,而且这种认同感直接导致集体行动。理论与实践相结合,理论指导实践,实践也离不开理论,所以用公益意识来指导人们生活、行动很重要,这样的生活方式能够最大化地满足公众的需求。此外,公益意识具有持久性,它指导、促使人们关注公益,参与到公益行动中来。①

班主任要把“我能为班级做什么”这个问题抛给学生,在班级中引导学生进行讨论,还要建议学生向家长请教这个问题。“我能为班级做什么”,不仅仅在于履行班级岗位的职责,更在于能敏感地发现班级生活中需要帮助的人和事,由此积极主动地去行动,以班级小主人的身份为营造美好的班级生活而贡献自己的力量。

一位小学生的周记

今天,我坐在座位上,发现班级图书角里的书有点乱。虽然我不是班级图书管理员,但老师常常教育我们学雷锋,我似乎应该做些什么。

于是,我走到图书角,先按书的高度来分,把一些高度差不多的书放在一起,按顺序一本紧贴着一本放好;再看看有没有一些很特殊的书,把它们按高度分好类,放在另一个地方;然后按书的类别来分,因为相同种类的书的高度往往是相同

---

① 姜晓莉.学龄儿童公益意识培养的社会工作实践研究[D].安徽大学,2020.

的,接下来的工作就简单了,我把神话故事类的书放在一起,又把革命故事类的书放在一起……经过我的一番努力,终于大功告成了。

别看这件事情小,做起来可不简单。我觉得我的努力没有白费,看着我摆好的图书角,总有一种不同的感觉,既整齐又雅观。这次行动,我获得的不只是个人的开心,更是班级的快乐、班级一角的整洁。以后,我要在有空的时候为班级做一些力所能及的事。

案例中的小学生虽然不是班级图书管理员,但是他发现班级图书角里的书有点乱,觉得自己"应该做些什么"。基于这样的公共意识,他主动想办法整理了图书角。虽然没有人表扬,但他"获得的不只是个人的开心,更是班级的快乐、班级一角的整洁",并且决定"要在有空的时候为班级做一些力所能及的事"。

2."我为班级尽义务",参加公益劳动

《新时代公民道德建设实施纲要》指出,爱祖国、爱人民、爱劳动、爱科学、爱社会主义作为公民道德建设的基本要求,是每个公民都应当承担的法律义务和道德责任。必须把这些基本要求与具体道德规范融为一体,贯穿公民道德建设的全过程。

爱劳动教育的重要内容包括中小学生的自我服务劳动、家务劳动、公益劳动、生产劳动。其中,公益劳动有其特殊的教育意义,因为这是一种为集体、为社会的公共利益而从事的不计报酬的劳动。在中小学阶段,培养儿童的公益劳动观念是学校思想品德教育中的一项重要任务。

公益劳动不必舍近求远。参与社会公益劳动虽然是培养学生公益意识的有效渠道,但是由于社区问题的复杂性,中小学生难以真正对社区生活产生影响。班级是学生生活的直接环境,班级事务与每位学生的利益息息相关。如果中小学生不在班级生活中参与公益实践,却要跑到班级和学校以外去参与公益活动,这样的公民教育实践很容易流于形式。

班务日志中的留言

(1) 做了一天的值日班长后,我才知道做班长真不容易! 以后我一定好好配合班长的工作。

(2) 班级卫生不能只靠班干部维持,要靠大家的共同努力!

(3) 让教室更美观整洁,是每位学生的义务和责任。

（4）每个人都应该做好值日生工作，为同学、老师、班级、校园提供力所能及的帮助。所以，我会认真完成每一次的值日生工作。

（5）不管是提醒别人值日，还是帮助同学套垃圾袋，都很忙碌，但是在忙碌的工作中，我收获了快乐……

（松江区第七中学　潘敏老师）

学生在班务日志中的留言，表明学生真正认识到了卫生保洁是班级的一项公益劳动。学生在劳动实践中懂得了如何支持他人的工作，学会了站在他人的角度思考，真正做到了相互理解、相互协作并共同进步。在劳动中学会劳动，这样不仅能激发学生的责任感，还能增强学生的服务意识，有助于形成"人人为我，我为人人"的班级氛围。

3."我为班级做好事"，倡导公益行为

公益行为可以看作亲社会行为的一个下属概念，我们把它界定为个人或群体以公共利益为目标，基于一定的社会责任，面向需要对象或社会共同问题而自愿做出的有计划、有组织的利他行为。[1]

公益行为是公民个人修养与社会文明程度的重要体现，是社会团体或个人基于一定的关怀与利他意识而面向特定社会群体或人类发展共同关注的问题而做出的捐赠、救助、志愿服务等行为。青少年时期是人生发展的"加速时期"，是自我与社会性发展的关键时期，公益活动的参与对促进青少年自我发展、提升其幸福感具有重要意义。[2]

还能捐款吗

"还能捐款吗？"2020 年 9 月 10 日 18：21，我收到一位家长发来的这条 QQ 消息。随后家长在 QQ 里解释："孩子白天急着交作业，等回到教室后，班长已经把大家的捐款交给学校了。孩子说线上也可以捐款，但是我没有线上捐款的链接……"

"线上捐款已经结束了，谢谢孩子的爱心！"

"那可以现金捐款吗？"

---

① 胡瑜,黄崇蓉,严婷婷.公益广告对青少年公益行为的内隐启动研究[J].心理与行为研究,2019(3).
② 程媛媛,何宁.公益行为对青少年实现论幸福感的影响:基本心理需要与个人成长主动性的多重中介作用[A].中国心理学会.第二十二届全国心理学学术会议摘要集[C].中国心理学会:中国心理学会,2019.

"我明天问一下,如果错过了,也没关系的。"

"还是让孩子献些爱心吧!孩子今天回来后一直在说这件事,她一直想为班级和他人做点事……"

第二天,孩子把50元现金直接交到了学校大队部……

注:事情源于学校大队部的一份"爱心助力倡议书"。倡议书内容如下。

亲爱的同学们:

当我们快乐奔跑,享受幸福生活时,初三(6)班俞同学躺在病床上忍受疾病的折磨……高额的治疗费用已让这个家庭不堪重负。命运无情人有情,众人拾柴火焰高!松江区第七中学大队部诚挚地向全校师生发起爱心助力倡议……

(松江区第七中学 潘敏老师)

案例中的孩子虽然错过了班级统一捐款的时间,但公益行动没有缺席,"一直想为班级和他人做点事"的爱心没有缺席。

4. "我为班级负责任",弘扬公益精神

关于公益精神,目前学术界比较认同的是卓高生在《公益精神概念辨析》一文中的说法。卓高生认为,公益精神是指公益主体基于一定的关怀和利他意识,受主体偏好影响而面向特定社会群体或人类发展共同关注的问题产生的一种心理态度、价值观念和人格品质。[1] 根据这一定义,我们可以认为,公益精神不是个体一时冲动而产生的关怀的情感,而是一种在个体体内存在已久的理性精神,是个体本身具备的利他意识。

公益精神是社会主义核心价值观的重要体现。我国社会主义核心价值体系包括马克思主义、中国特色社会主义共同理想、以爱国主义为思想内核的民族精神、以改革创新为思想内核的时代精神和社会主义荣辱观。公益精神具有丰富的精神内涵,它是一种社会责任精神,是一种团结互助精神,是一种参与精神,是一种文化精神。公益精神的内涵足以表明,公益精神是一种优秀的中华传统美德,是符合社会历史潮流和发展规律的,有助于我国建构社会主义和谐社会。[2]

心系疫情,班级在行动

2020年1月24日,班长从新闻中了解到湖北各家医院医疗物资告急的消息,

---

① 卓高生.公益精神概念辨析[J].理论与现代化,2010(1).
② 李凤如.公益精神及其培育研究[D].华南理工大学,2016.

便产生了募捐物资的想法,家长非常支持他。

1月25日,班长联系了班主任、大队辅导员、几位班干部,他的想法得到了大家的一致同意和支持。随后,大家编辑了一条募捐公告,发在班级QQ群里,不到半天,全班学生和所有教师都积极响应了。

1月26日,几名学生在家长的帮助下联系到了湖北的一家医院,院方向学生表示了感谢并确定了所需的物资。几名学生代表在网上购买好了一批医用手套和N95口罩,确认好产品质量后寄送给医院。

1月30日上午10∶08,这批物资成功送达医院。

(松江区第七中学　潘敏老师)

"你所在的地方,就是你的中国;你怎么样,中国便怎么样;你是什么,中国便是什么。"只要我们都能在自己的岗位上不懈努力,尽微薄之力,任何困难都不再是困难!

3　同伴角色：从同班同学到同伴交往

实践困惑

没有同桌的尴尬

高一新生入学，班级学生人数是单数，一位身高最高的女生只好一人一桌。晚上，这位女生的妈妈通过微信发来消息：老师，麻烦你给孩子安排一个同桌，否则，孩子会感觉很孤单，在班级中被孤立。作为班主任的我，无奈又尴尬……

课桌的分与合

"这节课要分小组讨论，请大家把课桌拼起来。"老师说。

"这节课要进行测验，请大家把课桌都拉开。"课代表说。

课桌分分合合的场景，经常在教室里上演。现在，有的班级由原来的双人双桌不知不觉地变成了单人单桌……

以前，办学条件有限，两位学生只能合用一张课桌，也就成了同桌；现在，办学条件改善了，一人一桌，拼起来是同桌，分开是同学。课桌的分与合，从表面上看是学生之间的物理距离变化，实质上潜藏着对于同伴交往的教育考量。

概念辨析

同伴是指儿童与之相处的具有相同社会认知能力的人。[1]

同伴交往是指同伴之间运用语言和非语言符号交换意见、传达思想、表达情感和需要的交流过程。[2]

同伴关系是指在年龄和地位上相同或者相仿的个体，通过一起活动，彼此协作建立的一种早期人际关系，或者说，是心理发展层次较为接近的个体在交往过程中所形成的一种关系，它是同伴交往效果的静态体现，也是衡量同伴交往的一个重要指标。有学者指出，同伴关系是儿童与他人之间存在的一种水平关系，即儿童与那些和自己有相同社会权利的伙伴之间形成的一种平等的、互惠的关系，这样的关系能给儿童提供学习技能和交流经验的机会。[3]

许多学者关注同伴关系和同伴交往的关系。有学者认为，从动态的角度来看，

---

[1]　张文新.儿童社会性发展［M］.北京：北京师范大学出版社，1999.

[2]　朱智贤.心理学大辞典［M］.北京：北京师范大学出版社，1991.

[3]　金盛华，宋振韶.当代青少年同辈交往的影响机制及其引导［J］.北京师范大学学报（人文社会科学版），2000（5）.

同伴交往是指青少年群体中人与人之间的信息沟通和物质产品的交换；从静态的角度来看，同伴交往是指青少年群体中人与人之间通过动态的相互作用形成的情感联系，即通常所说的人际关系。① 有学者认为，同伴交往主要是在相同或相近的群体内发生的人际交往，从动态上说，是个体与同伴之间的信息沟通和物质产品的交换，即儿童语言沟通、物质分享的过程；从静态上说，同伴交往是个体与同伴之间通过动态的相互作用形成的情感联系，即同伴关系是同伴交往效果的静态体现。② 因此，同伴交往既包括信息和物质交往的过程，也包括相互作用形成的同伴关系。同伴关系是同伴交往状况的客观反映，也是衡量个体同伴交往能力的重要指标。

🔔 **理性思考**

马克思主义哲学认为，人类有两种基本的生存方式，即生产与交往。交往作为人类基本的生存方式和实践活动，是个体从自然人变成社会人的主要途径。交往过程中所形成的人际关系是个体赖以生存的社会支持力量，同时，良好的人际关系能给个体带来积极愉悦的感受，满足人的爱与归属的需要。

虽然我国学校教育非常重视引导同伴交往，但我们也要深刻认识到同伴交往的不足以及存在的问题。

1. 应试背景下同伴交往的老问题——同伴交往危机

对于课桌的分与合，有人主张分，理由是学生较少受同桌的影响，对于班级的管理、学生的自我学习和自我管理好处较多；有人主张合，理由是便于开展课堂讨论，便于同学之间交流；有人主张有分有合，有人主张多分少合，有人主张少分多合……

同班同学只是班级授课制下一种静态的人际关系，并不意味着同学之间的交往会自然发生。从教育者的角度来看，绝大多数家长和教师更多地关注学生的学习成绩，对同伴交往的关注较少。

同一个班级里，有的学生说"同学很多，我却没朋友"；有的学生说"活动很多，我却参与不进去"；有的学生说"班级很热闹，我却很孤独"。人生来就有与人交往和被关爱的需要，除非个体的人际关系满足了这种固有的需要，否则孤独感就会产生。③

---

① 林崇德.中国独生子女教育百科[M].杭州：浙江人民出版社，1999.
② 赵海钧.小学 4 年级儿童的同伴交往归因及归因训练研究[D].西南师范大学，2002.
③ Rotenberg K J, Hymel S. Loneliness in Childhood and Adolescence[M]. Cambridge：Cambridge University Press，1999.

2.网络背景下同伴交往的新变化——虚拟交往普及

初中、高中、中职学生互联网普及率分别达到 97.6%、97.6%、99.0%,小学生互联网普及率也达到 89.4%。[①] 多数中小学生都会使用社交软件与同学、朋友等进行交往。随着信息技术的发展和通信设备的普及,互联网虚拟情境下的人际交往增多,非面对面的"人机人"交往模式给人际关系和人际交往增加了一层隔膜。青少年过度上网交友会导致社会孤立和社会焦虑,使其与家人和朋友的关系变得更弱。[②] 此外,对独生子女的过度保护,城市化进程中的独门独户,双休日忙着进各种辅导机构……不断加剧着生活中的同伴交往危机。

操作策略

中小学生的大部分时间是在学校度过的,而在学校的大部分时间是在班级里度过的。因此,班级是学生学习和进行同伴交往的主要场所。

1.开展交往指导,鼓励交往行为

所谓交往指导,是指引导学生进行交往的教育活动。"道德与法治"课程和心理辅导课程中都有同伴交往指导相关内容,班主任不仅要根据班级学生的交往情况组织相关主题班会,更要结合学生个案进行具体引导。

在班级中,学生的交往比较容易受到教师对交往态度的影响。教师作为学生在学校学习中的重要他人,对学生的交往产生着一定的影响。教师如果对班级中的学生交往采取积极的态度,重视学生之间的交往,并积极组织各种班级活动,学生就会认为同伴交往是学习生活中不可缺少的一部分,会乐意从教师那里学习更多的交往技巧,从而正确地与人交往。教师如果对班级中的学生交往采取消极的态度,相较同伴交往,更加重视学生的成绩,学生就会从教师的态度中感受到,教师不重视同伴交往,从而减少同伴交往,但学生和教师可能并未意识到这对于他们建设更好的班集体有哪些影响。教师对同伴交往的态度在很大程度上会影响学生对同伴交往的态度,因为教师是学生在学校中很乐意模仿的对象。[③]

---

① 中国互联网络信息中心.2019 年全国未成年人互联网使用情况研究报告[EB/OL].[2020-5-14] (2022-8-20).http://www.cac.gov.cn/2020-05/13/c_1590919071365700.htm.

② Sanders C E, Field T M, Diego M, etal. The Relationship of Internet Use to Depression and Social Isolation among Adolescents[J]. Adolescence, 2000(138).

③ 祝小雨.高中生同伴交往对班级管理影响的研究——上海市 B 中学×班的一项质性研究[D].华东师范大学,2015.

中小学生的交往技能有很大差异,学生自身性格等方面原因有时会使学生出现交往障碍。班主任要通过交往指导,帮助学生消除这些障碍。教师要引导学生了解不良的心理状态对生活的影响,使学生正确认识自我,进而形成积极的情感,掌握一定的交往技能。为了建立良好的同伴关系,学生需要学会尊重,学会宽容,学会换位思考,学会关心他人。这不仅对他们的同伴交往有积极作用,而且能够为他们以后步入社会进行人际交往奠定良好的基础。

班级里来了新同学

进入高三,班级里来了一位新同学小雷。刚开始看到他,大家都吓了一跳,因为他的脸上全是疤痕。

老师有意将小雷安排在班级里一个非常活跃的女生小钱边上,并且叮嘱周围几个活泼的学生课间要和小雷聊聊天,学习上也要互相帮助。小钱平时特别照顾小雷,经常会提醒他一些学习上的事情,还会和他分享零食。

随着时间流逝,大家彼此熟悉了,小雷也敞开了心扉。原来,小雷因为白血病休学了很长一段时间,现在慢慢康复了,便重新回到学校。大家了解小雷的故事后变得更加亲密、团结。老师也一直默默关注,及时了解小雷的情况。

一个学期结束了,小雷脸上的疤痕消失了,心情好了,学习成绩也有了进步。小雷妈妈非常激动,她很感谢班主任和任课教师关注孩子,感谢班级同学接纳小雷并且关心、帮助他。生活在这样一个包容、关爱的集体,每个孩子都很高兴。

(上海市松江二中　尹秀华老师)

班级里来了新同学,开始时"大家都吓了一跳",班主任"有意安排座位"并叮嘱学生陪伴聊天,到了学期末,"小雷脸上的疤痕消失了,心情好了,学习成绩也有了进步"。原本不幸的病理事件变成了幸福的教育事件,推进了班集体建设,交往指导功不可没。"生活在这样一个包容、关爱的集体,每个孩子都很高兴"。

2. 促进小组合作,创造交往机会

小组合作,也称小队合作,是指以小组为单位开展活动,互相配合以完成任务。在小组合作的过程中,小组成员必须运用学到的交往技巧相互沟通,共同解决问题。

除学科教学中的小组合作学习外,班主任还可以通过春游、秋游、研学旅行、社会调查、戏剧表演等活动引导学生建立各种小组,从而不断打破班级学生中非正式群体的结构,扩大学生在班级中的"交往圈",促使学生深度交往。班主任要

引导学生内化各种积极情感和交往技能,在真实的交往情境中学习如何化解人际冲突等,最终提升人际交往能力。

小组活动"一个也不能少"

要去南京游学了,大家都非常兴奋。本次活动要分小组开展,每个小组都有课题任务。分组要求:组长一位,组内成员男同学和女同学搭配,一般 4 至 5 人,每位同学都要和团队一起活动,同时填写好联系方式,由组长定点向班主任报告小组情况。

分组名单交上来了,老师发现小王同学一个人一组。这是怎么回事?老师找到小王,小王不好意思地说:"老师,我因为腿做过手术,走路不能太快。我怕影响其他同学,所以没有选择任何一组。"小王由于腿部原因,很少参与各种活动,和同学之间的交流也不是很多。

在班会上,老师和大家交流"班级最近发生的事情"。比如,大家积极排练,在运动会入场式评比中取得了第一名的好成绩;运动会志愿者工作值得表扬,尤其是小王腿不方便还报名参加志愿者工作。同学们开始七嘴八舌地说小王的优点。借此机会,老师说:"南京游学中,为了不拖大家后腿,小王打算自己一组,这是不符合规定的。哪一组同学愿意吸收小王为本组成员?"这时,有好几个小组的组长都让小王来他们组。班会结束后,老师又单独找了吸收小王这一小组的成员,叮嘱他们照顾小王,集体行动等。最后,学生在游学活动中不仅收获了知识,还收获了友情和宝贵的交往经历。

(上海市松江二中 尹秀华老师)

班级生活中每位学生都是集体的一员,大家是不可分割的整体,小组活动是学生形成伙伴关系的重要机会,班主任要尽量让每位学生都参与、有收获。

3. 增进互助分享,提升交往能力

所谓互助分享,是指在班级生活中发扬主动助人和互相帮助的精神,学会与同学分享自己的生活体验和学习经验等。

大量的研究表明,同伴交往对学生的身心发展有重大的影响,在个体的社会化发展过程中具有重要的作用。有学者基于"重要他人"理论探讨了同伴交往的影响及作用,认为同伴作为学生的重要他人之一,对于学生的成长至关重要,同伴对学生的影响有时会超过父母和教师对学生的影响。[1] 有学者发现,遇到困难和

---

① 余逸群,张弘平.中学生伙伴群体与教育——北京市中学生伙伴群体的调查研究[J].青年研究,1995(10).

烦恼时,70%以上的青少年会向同伴寻求帮助,而不是告知父母。[1]

班主任在班级中要不断引导学生互相分享。比如,在常见的"班级之星"评选活动中,有的班主任设立了"助人之星",表扬那些主动参与活动或者主动帮助他人的学生。随着互助和分享的增多,学生之间的信息交流会更顺畅,情感沟通会更深入,学生的交往能力会进一步提升。

学生讲师

一天中午,我发现班级教室外面站了很多学生,进教室一看,我立刻就被感动了。学生请了"学霸"同学在黑板前给大家讲解数学疑难问题。班级里座无虚席,连教室后面的柜子上都坐着听课的同学。不仅仅是我班学生在听课,周围班级的学生都闻讯而来。

后来,学生又自发组织了几次活动,参与的学生也越来越多。我班几位学生都勇敢地站到讲台前,和大家分享数学知识。该项活动的影响力越来越大,学校知道后,为了让更多的学生参与,成立了数学学习共同体,后来又发展出了英语学习共同体。《新闻晨报》和《松江报》都报道了这种新颖的学习方式。

学生不仅在学习上主动合作互助,在生活上也是如此。高三时,杨同学腿部意外骨折,班级六位学生主动提供帮助,用担架抬他上楼上课、下楼放学,持续了近半个学期,而且没有影响高三的正常学习。在互相帮助的氛围中,主动站出来的同学越来越多!

（上海市松江二中　尹秀华老师）

我们从本案例中不难发现,分享使班级充满友情,互助使班级充满温暖。学习共同体中的"小老师"在分享的同时成就了自己,帮助同学并"没有影响高三的正常学习""主动站出来的同学越来越多"。

在班级生活中,同伴交往能够避免学生成为孤独的奋斗者和竞争者,有助于学生完成社会化的过程。在同伴交往过程中,学生处于完全平等的状态,他们能够通过交谈、争论、结伴、离散等方式来学习如何与人相处、如何观察社会、如何扮演自己的角色。这是他们日后进入社会的一种有益尝试。[2]

---

[1]　包兴敏.同辈群体及其对青少年社会化的影响[J].沈阳教育学院学报,2001(2).
[2]　祝小雨.高中生同伴交往对班级管理影响的研究——上海市B中学×班的一项质性研究[D].华东师范大学,2015.

主题三

班级组织的改进

把学生管起来，
班主任辛苦，
学生叫苦，
整个班级不胜其苦。
把学生组织起来，
把班级组织起来，
正如把散落的珍珠串联起来，
可以组成更美的样式。

1　组织建立:从一套班子到多种多样

实践困惑

数学课代表请假了

"今天的作业怎么还没按时送到我办公室?"数学老师怒气冲冲地跑到班级询问。

以前,尽责的数学课代表每天都会按时把作业送到办公室,便于数学老师及时批改。今天,数学老师左等右等,还是没见到数学作业。实在等不及了,数学老师只好亲自跑到教室。

"今天,数学课代表请假了!"班长站了起来,无奈地回答。

"难道今天数学课代表没来,你们班就不交数学作业了?"数学老师气得大声责问。

班级里没有人回答……

从本案例来看,这个班级中交作业的组织结构是金字塔形的,按照"学生→组长→课代表→任课教师"这样的顺序逐层逐级上交。这种分工明确的单一组织结构在一般情况下是没有运行问题的,但如果有意外情况发生,就会出现问题,如本案例中的数学课代表请假了,班级中就无人代替数学课代表收交作业。

数学老师责问"为什么不及时上交作业",实际上责问的是"班级中的管理组织为什么没有正常运行"。问题出在哪儿呢? 有什么方法能够避免这类尴尬情况的出现呢? 众所周知,班级中管理组织建立后并非万事大吉,还要注意日常运行和组织培育,尤其是自组织的培育。

概念辨析

组织一词有多种含义,包括动词意义上的"安排分散的人或事物使之具有一定的系统性或整体性"和名词意义上的"系统;配合关系""按照一定的宗旨和系统建立起来的集体"。[①] 在管理学上,组织被认为是互相依赖的人员、资源和信息流

---

① 中国社会科学院语言研究所词典编辑室.现代汉语词典(第7版)[M].北京:商务印书馆,2016.

的汇聚,把不同的参与者联系在一起的活动。①

组织是客观存在的,"一切系统都以物质世界固有的组织性为其产生、存在、演化和发展的背景条件"②,其特点是,系统按照外界的指令与信息运作,如班级中的学生行为受到班主任或其他教师的影响。

自组织是指系统在没有外界指令的情况下,通过内部诸要素的协同,按照某种规则形成一定的结构,并自发地进行组织,如班集体中的学生在没有班主任和其他教师监督控制的情况下自发地控制自己,实行自我管理。③

🔔 **理性思考**

从实践困惑来看,数学课代表请假,数学老师只能亲自去收作业,也许只是偶然。但是,数学课代表"缺位",其他班委却无"补位"意识,偶然之中也有其必然性。对于班级组织中的一些问题,已有学者进行了研究,需要班主任加以重视。

1. 避免班级组织中的马太效应

马太效应是指强者愈强、弱者愈弱的一种两极分化的社会现象。有学者认为,任何个体、群体或地区在某一方面(如金钱、名誉、地位等)获得成功和进步,就会产生一种积累优势,从而有更多的机会取得更大的成功和进步。

在班级中,被选拔出来的班干部和组长相比其他学生能得到更多的参与管理、被教师关注、活动锻炼的机会,他们的能力、积极性和自信心等显著高于其他学生,若干时间以后,班级中的两极分化现象可能会更为明显,不利于班级的整体发展。

2. 警惕班级组织病理现象的发生与蔓延

班级组织病理现象是指班级组织系统内外的异常因素引起班级组织功能障碍,使班级组织偏离正常发展模式的一种失调状态。

班级组织病理现象的表现:(1)学生普遍缺乏关心他人以及文明进取等方面的品德,自私自利或实用主义思想偏重;(2)有些学生纪律涣散,自控能力差,学习自觉性不高,分配的任务不能完成;(3)告状声不绝于耳,同学间矛盾四起;(4)班

---

① (美)W·理查德·斯科特,杰拉尔德·F·戴维斯.组织理论:理性、自然与开放系统的视角[M].高俊山,译.北京:中国人民大学出版社,2011.

② 郑和钧.协同教学与素质发展[M].长沙:湖南师范大学出版社,1995.

③ 彭小虎,徐文彬.协同学视域下班级组织发展的动力机制[J].教育理论与实践,2011(12).

级内小团体现象严重,派别林立;(5)部分学生感觉自己被抛弃,没有得到大家的重视和认可,游离于班级之外,只能通过博取赞赏、惹是生非,甚至自暴自弃等方式来获取必要的班级归属感。一旦班级组织病理现象出现,学生的思想品德、学业成绩、心理表现都会受到不同程度的影响。

班级组织病理现象的成因:目前学校的班级管理,从管理角度来看,班主任角色错位;从操作层面来看,管理过程混乱,这些都对班级管理产生了负面的影响。此外,学生人际交往障碍、班级组织系统封闭等都会让班级组织出现病理现象。①

💡 **操作策略**

只有基于日常,通过日常,才能将高远的、具有根本意义的目标,化到每人每天的生命实践之中。② 因此,班级日常生活非常重要,班主任可以通过建立班级常态组织和临时组织把学生组织起来。

1. 适时选择组织方式

所谓适时选择组织方式,是指班主任根据班级所处的不同发展时期选择合适的班级组织方式。

班级是一种半自治性组织,教师在班级管理工作中也应采取半控制方式。这里有两层含义:(1)教师切不可完全按自己的意志包办班级组织的一切,即采取所谓的全控制方式;(2)教师不应期望让学生完全按自己的意愿管理班级组织的一切,即采取所谓的全放任方式。半控制方式实际上也反映出教师角色乃至学校教育的精髓,即有控有放、有限有导。③

从班级组建和发展的实际过程来看,班主任要善于根据班级学生的特点,在不同发展阶段采取与之适应的组织方式和策略方法。

(1) 班级新建期的组织方式和策略方法

班级新建期,师生之间、学生之间不够熟悉,班主任可以用自己的天然权威迅速采取临时应急的组织方法,或指定一些学生,或借助邀请帮忙的形式,快速分派班级事务,让班级立刻进入运行状态。因为学生的年龄特点和组织能力等有所不同,各级各类班级的临时应急过渡期的长短也不同。新建班级的情况一般有三

---

①　林艳.中小学班级组织的病理现象及其诊治和预防[J].基础教育参考,2007(11).
②　叶澜.回归突破:"生命·实践"教育学论纲[M].上海:华东师范大学出版社,2015.
③　吴康宁.论作为特殊社会组织的班级[J].教育理论与实践,1994(2).

种：一是各学校新招收的学生分班；二是一个年级中的原有班级重新编排分班；三是高中"走班选课"组成新的班级。

（2）班级发展期的组织方式和策略方法

新建班级运行基本正常以后，班主任要考虑建立班级的各种正式组织。基本的组织程序如下：一是明确各级服务岗位的职责并形成文稿，接着以告知、征求意见或讨论等形式确定选拔方法；二是以推荐、普选、竞选等形式进行民主选举；三是请各岗位人选进行表态演讲。班级组织需要保持一定的稳定性，但并不是说班级组织的静态性不可变化，为了促进班级组织的发展，在适当的时候也要动态调整组织结构和人员安排。

（3）班级成熟期的组织方式和策略方法

当班级发展到一定阶段，部分或大部分学生的组织能力有了较大的提升，在组织和管理方面有了较大的自主性，班主任就要考虑让学生"自组织"。班主任要学会逐步"放"、部分"放"，充分调动和发挥学生的主体性与积极性，使学生在参与班级组织管理过程中学会自我控制、自我协调和自我管理，在更大程度上提高班级组织水平和管理效率。

还有两种情况需要说明：一是老班级新班主任，原有的班级更换一个班主任，我们建议老班级的新任班主任在接任的初期暂时沿用班级原有的组织方式，后续根据班级建设的需要再进行改组，即在适当的时候再用"老班级新办法"；二是老班主任新班级，虽然说老班主任有经验，但是我们建议不要完全采用老办法，应遵循常教常新的理念，即"因班而异"。

小社团推动大班级建设

我新接手了一个班级，学生兴趣广泛，特长明显，在舞蹈、歌唱、科普、英语等方面都获得了不少荣誉，家长中具有本科学历的占了70%左右。

1. 问题提出

这样的班级从未获得过任何集体奖项，学生的发展情况也不理想，家长和老师的互动比较少……有什么办法既能发挥学生个性特长又能增强班级凝聚力，既能促进学生个体发展又能促进班级整体发展呢？于是，我有了成立班级小社团的想法。

2. 组建步骤

第一步，开展问卷调查，了解学生的特长和兴趣。第二步，统计分析，设立"启梦文学社""超级科学""跃动体育""五彩缤纷艺术团"等社团。第三步,召开社团会议,推选社团团长,讨论相关内容。

3. 班级小社团实践

经过三年的实践摸索,班级小社团在培养学生的综合素养和增强班级的凝聚力方面发挥了一定的作用。一是努力地开发班级特色活动。班级里每个社团都各具特色,每月一次社团汇报是班级特有的活动。二是有机地整合学校常规活动。比如,学校开展成语舞台剧表演活动,"启梦文学社"和"五彩缤纷艺术团"的成员在剧本选择、演员招募、道具挑选等方面精心准备,最终喜获学校舞台剧表演活动一等奖。三是更好地开展家校合作活动。比如,陈妈妈是开养鸡场的,"超级科学"社团和其他社团成员多次去养鸡场参观学习,感受现代的科学技术……家校合作活动为班级小社团提供了更广阔的舞台。

(上海市奉贤区解放路小学　潘艳丽老师)

本案例中的班主任新接手了一个班级,基于班级发展状态和学生特点,用建立班级小社团的组织方式激发了班级的活力,"小社团推动大班级建设"的带班特色逐渐形成。班主任还从问题出发进行课题研究,"基于合群能力发展的小学生班级社团建设与研究"被立项为区级重点课题。

2. 灵活构建常态组织

所谓常态组织,是指为了班级活动和班级事务等方面的正常运行而组建的长期的较为固定的班级组织。班级中的常态组织一般分为管理组织和活动组织,管理组织包括班委(中队委)、团支部、小组等,活动组织包括假日小队、班级小社团等。

现在的班级管理组织存在两种令人忧虑的现象:(1)班主任为了满足所有学生的虚荣心而设置每人一岗;(2)承担管理任务的班委和组长等都是老面孔,班主任也很无奈,无论用什么方法选,选来选去都是这几位学生。

这两种现象不利于学生个体和班级发展,班主任应灵活构建班级的常态组织。

(1) 双岗制

双岗制是指一个岗位安排两位学生同时负责,即在班级中某些任务较重或事务较多的岗位上安排两位学生同时负责,避免一位学生负担太重。比如,在学生人数较多的班级中,各主要学科课代表安排双岗,便于收发作业。

（2）双组制

双组制是指某些班级中确定两组学生定期上岗,即一组学生上岗履职的时候,另一组学生候补,定期轮换后进行两组比较评价,避免单独一组学生敷衍履职。比如,有的班主任设立双班委,形成竞争上岗的氛围。

（3）轮值制

轮值制是指班级中某些有吸引力的重要岗位进行定期轮流值岗,避免这些岗位长期集中在少数学生身上而出现固化现象,不利于其他学生的发展。比如,所有学生都很羡慕班长这一岗位,轮值班长制的实行有多种方式,有按学号顺序的,有表现优秀先上岗的,有"一老一新"搭配的……

双班委

新学年初,班委照例要进行重新选举,这个班级王老师已经带了四年。

参加班委竞选的学生将近一半,每个上台发表竞选演说的学生都很自信,并且平时的各方面表现确实不错。王老师发现,四年来,学生的能力都得到了很好的发展,很多学生都可以当班委。可是"僧多粥少",班委人数有限与竞选学生众多这一矛盾该怎么解决呢?

选不上的学生会很失望……怎么办呢? 面对这一难题,班主任在征求学生的意见后决定建立双班委,一个正选,一个候补,各自上岗一个月,两个月后由全班学生结合学校评分和其他情况进行综合评价。双班委的产生步骤如下:(1)发布和制定班委各岗位及其职责;(2)学生自由组合;(3)各组合的全体成员进行竞争上岗演说;(4)全班投票表决。

双班委实施两个月来,班级组织和管理工作效率大大提升了,班级面貌焕然一新,活力更足。其他学生也跃跃欲试,准备组团参加下一轮竞选。

从上述案例来看,班主任并没有打破原有的班级组织结构,而是设立了班委的"两套人马",灵活地处理了"僧多粥少"的难题。双班委的试行给班级的组织和管理带来了良性竞争的局面,班级建设又提升了一个台阶。

3. 按需组建临时组织

所谓临时组织,是指为了完成某一特定的教育活动或班级事务而临时组建的短期的非常态性班级组织。临时组织既包括面向全班的暂时组织,又包括灵活的临时小组。临时组织的目的是特事特办,对原有常态组织的功能进行有益的补充,特定任务完成后就可以自动解散。

除了新建班级这种情形外,需要组建临时组织的情况大致还有三种:(1)环境变化,某类活动要从校园内转换到校园外,从原本固定的教室转移到校园的其他地方,比如,春游和秋游要到开放的社会环境中去;(2)角色变化,某种活动中,学生因为活动任务的需要而被赋予了新的角色,学生的角色有了一定的变化,如学校举行运动会,班级学生分为运动员和非运动员;(3)要求变化,某项活动有特别的组织要求,需要根据某种特定需要进行重新分组,如学生体检时分为男生和女生两大组,如果人数多就再细分小组。原有的班级组织结构不太适合某种教育活动开展,所以需要打破原有的班级组织结构而进行人员重组。

临时组织的时间紧迫且有限,班主任不可能有大量的时间组织学生进行充分的讨论和研究,处理时要短、平、快。最现实的做法是,班主任发挥自身的组织能力和权威作用,尽快指定人员并分派任务。因为临时组织是特事特办,其他学生也能够谅解。这时候,班主任要在看似随机的情况下有意识地将一些管理岗位和任务分派给一些弱势的学生,让他们在班级活动中也有亮相的机会,给予他们一些锻炼的机会,调动他们的积极性。临时班级组织的作用不"临时",也是对班级组织制度的有益补充。

电脑抽签

教室里的电脑屏幕上,几个数字急速跳动着……全班学生屏息凝神,一起盯着电脑屏幕。"3!"当数字停止跳动的一刹那,全班学生一起大声叫了起来。

"好了,同学们,电脑抽签完毕,我们的小组也随机生成。"班主任示意全班学生安静下来,"接下来,请各小组集合,选小组长,并商量明天社会实践活动的一些细节。商量完毕后,小组长再集合。"教室里又热闹起来,学生三五成群,七嘴八舌。

从案例的描述来看,班级里正在用电脑抽签的方式进行分组,为明天的社会实践活动做准备,学生觉得很新奇。电脑抽签的好处在于随机性,它改变了原来学生自由组合的分组方式。自由组合方式貌似符合学生需求,其实一直受班级中非正式组织的影响。案例中的班主任以临时组织的方式巧妙扩大了学生的交往,增进了学生的友谊,避免了班级中各种非正式小群体的固化。

2 组织规则：从教师定规到师生定规

🔊 实践困惑

班规为什么没有效果

新学期开始前，班主任王老师吸取"人治"的教训，为了强化班级管理，决定走民主管理的路线。

王老师花费了一番心思，翻阅了很多书籍，借鉴了其他班级的班规，制定了一份内容周详、语言精练、措辞温和的班规，内容涵盖进校、排队、锻炼、学习、课间、安全、公物七方面。为了让学生时时重视班规，处处按公约行事，王老师将班规放大后张贴在教室内醒目的位置，还利用主题班会课组织学生集中学习，逐条解释，让学生明白每条班规的意义和具体要求。

班规实施第一周，班级秩序有了很大的改观。但是，两周以后，原先调皮的学生依旧我行我素，对班规视而不见。王老师陷入了新的困境中。为什么班规在王老师的班级没有效果呢？

从案例来看，班主任将亲自制定的班规"张贴在教室内醒目的位置，还利用主题班会课组织学生集中学习，逐条解释"，可是，"原先调皮的学生依旧我行我素，对班规视而不见"。学生这种行为的背后其实是对于班规的心理抗拒。

那么，学生为什么会抗拒班主任亲自制定的班规呢？难道班主任亲自制定的班规有什么问题吗？什么样的班规学生才会遵守呢？其他班主任也在依规管理班级，案例中的班主任在民主管理过程中为什么会出现问题呢？

💬 概念辨析

1. 班规

班规，也称班级规则，是指在班主任的引导下，根据班级发展的需要，由全班学生共同制定、认可并通过的，全班学生在班级日常生活、学习、活动中必须遵守的以全班学生的权利、义务以及后果为内容的行为规范和准则。

班规的合法依据应当有三种：一是上位的规范，如有关的法律法规（包括中小学生行为规范）以及学校的规章制度；二是科学规律，如作息制度、卫生规范；三是文化、习俗、习惯。在这三种依据中，最容易引起争议的是文化、风俗、习惯，如在社会转型期,上下两代人的审美习惯往往存在巨大差异。①

2. 心理抗拒

心理抗拒是指在每个自然人都相信对自身的行为拥有控制权力的前提下,人们感受到自己控制自由的权力受到外界限制时,一般会采取多种对抗方式,以确保对自由的绝对控制。②

国内学者结合我国的实际情况,归纳出了五类抗拒的行为表现。一是偏激型。学生不屈服于学校权威,不顺从于教师指导,往往采取偏激的、破坏性的抗拒行为,扰乱学校的教育秩序,不遵守校规校纪。二是消极型。学生虽然不认同教师的教导和学校的规章制度,但往往消极抵抗,他们不遵守校规校纪,但拒绝直接的正面冲突,其抗拒行为不具有破坏性。三是形式型。学生表面上遵守校规校纪,实则敷衍了事,心中有所不满。四是逃避型。学生通过逃避学校教育进行抗拒。他们对校规校纪毫无兴趣,生活学习没有目标,整日无所事事。五是玩乐型。学生通过嬉笑玩闹,引人注意来抗拒学校教育,常常表现为爱开玩笑、取笑他人、爱搞恶作剧等,常常滋生事端。③

🔔 **理性思考**

学生为什么会抗拒班主任亲自制定的班规呢? 为了解决这个问题,我们先要思考三个问题。

1. 为谁制定班规

案例中的班主任制定班规是为了强化班级管理,形成良好的班级秩序,进而促进学生和班级的发展,这好像没有什么问题。既然目的正确,那为什么学生就是不愿遵从呢? 因为这只是班主任单方面的想法,还没有成熟的学生难以理解班主任的良苦用心,班主任的权威指令和说服教育遭到学生的抵触也就在所难免。

如果班主任不是先表明自己的教育目的,而是先组织全班学生讨论班级中与学生切身利益相关的具体问题,引导学生积极表达想法、发表意见,让学生从广泛的参与中发现制定班规是为了更好地保障全班学生的权益,学生的抵触情绪就会大大降低,遵从和维护班规的主动性就会大大增强。

---

① 刘建.初中班级工作难点突围[M].南京:江苏科学技术出版社,2014.
② 钱晨.重点青少年在接受政府帮扶过程中心理抗拒形成机制及干预对策研究[D].南京大学,2018.
③ 史铮.青少年反学校文化研究综述[J].当代青年研究,2004(2).

2. 谁来制定班规

案例中的班主任根据班级的问题亲自制定了班规,班规既符合教育要求,又有很强的针对性,貌似没有什么问题。但学生是这么认为的:这样的班规与已经制定的校规一样,都是由教师制定的,目的是管学生,限制学生的自由,是"班主任的班规",不是"学生需要的班规"。

有班级实践表明,班主任单方面制定班规行不通,放手让还不成熟的中小学生去制定班规也行不通,那该怎么做呢? 我们的建议是班主任引导学生共同制定班级必要的规章制度,这样,班主任就可以巧妙地把自己的教育意图渗透在班规之中。学生在制定的过程中会反复商量、讨论与权衡,对班规的理解也就比较全面和透彻。在他们的心目中,班规是自己制定的,执行的意愿也就比较高。

3. 应制定什么样的班规

民主管理不仅是指学生参与管理,更是指依法管理。这里的法不仅包括相关法律法规和学校规章制度,还包括班规。[1]

应制定什么样的班规? 从具体内容来看,处于不同发展层次的班级所制定的班规可能不尽相同;从保障功能来看,班规应保证每位学生正确行使自己的权利,并且不对他人的权利造成损害;从约束功能来看,班规不是对普通学生的单方面约束,是对权威者(主要指班干部)权力边界的限定。

操作策略

基于对班规实践困惑的理性思考,我们认为应由教师定规改换为师生定规,具体分三步实施。

1. 协商讨论制定班规

目前,制定班规有四大误区:(1)班规由班主任一个人制定,学生不认同;(2)班规面广量大,学生记不住;(3)班规没有针对性,学生不理解;(4)班规表述笼统,学生不知如何执行。

想要走出制定班规的误区,需要师生协商讨论,以此达成解决班级发展问题的共识。协商讨论制定班规的有利之处包括:(1)学生认为班规是自己制定的,而不是班主任制定的,执行的意愿更高;(2)班规主要指向班级中的现实问题,学生

---

① 马兰霞.公民教育视野下"班级公共生活"的构建[J].思想理论教育,2010(20).

因有实际体验而记得住;(3)班规有针对性,协商讨论的过程有利于学生理解、认可和支持班规;(4)以学生话语表述的班规符合本班学生的认知,更有助于发挥群体的提醒和约束作用,执行力更强。

制定班规包括补充旧班规和制定新班规两种情况。补充旧班规是指发现原有的班规对于班级现有的问题针对性不够,或表述不完整,或有歧义等情况,重新加以修正并完善。协商讨论制定班规的步骤如下:(1)由班主任或学生提出协商事项(班级问题或班规草案);(2)班主任在班级会议中引导学生展开公共讨论,征求全班学生的意见和建议,不求一次性快速解决问题;(3)全班表决并形成决议,允许不赞成者会后再去思考,与班主任和同学进行沟通。

开玩笑不能搞恶作剧

刚上课,坐在第一排的一位男生举起了手,疑惑地说:"老师,我刚刚把书放在桌面上,到地上捡起水笔,一会儿的时间,书就不见了。"

"哪位同学看见他的书了?"任课教师问。

"老师,我桌上多了一本书。"坐在最后一排的一位学生站了起来,手里拿着一本书,全班学生都笑了。书又传回了第一排,学生传书的动作非常熟练,好像训练有素。

任课教师心知肚明,下课后把情况反映给了我。我立刻联想到最近班级里因开玩笑不当而闹出的种种不愉快事件,比如,有学生在吃饭时把同学的勺子藏到米饭里,气得同学吃不下饭……

适当开玩笑可以活跃班级气氛,增添快乐,过度开玩笑,则变成了恶作剧,怎么让学生掌握其中的度呢?

我设计了一份调查问卷,统计调查结果后发现了两个很有意思的数据:喜欢开别人玩笑的占比71%,喜欢被别人开玩笑的占比17%,我找到切入口了……

于是,我召开了主题班会:(1)在第一个环节,回顾了同学之间和谐相处的画面;(2)在第二个环节,公布上述调查数据,全班陷入了沉思;(3)在第三个环节,请双方当事人谈了当时的想法;(4)在第四个环节,分小组讨论如何区分开玩笑与恶作剧;(5)在第五个环节,小组讨论并汇总意见,制定新班规"开玩笑不能搞恶作剧",全班举手表决通过;(6)在第六个环节,以"己所不欲,勿施于人"作为班会总结。

班会之后,班级里的开玩笑声音时常响起,但不愉快事件不再出现了。

(上海市松江区民乐学校　唐颖老师)

在本案例中,班主任清楚意识到了开玩笑中隐藏的问题,如果禁止开玩笑,班级会变得死气沉沉,如果放任不管,可能会惹出更大的麻烦,但又苦于没有这方面规则制定的先例。班主任通过调查发现了其中的突破口,召开班会来协商讨论,在班级学生达成共识的基础上制定班规,会后,学生也愿意共同遵守班规。本案例中协商讨论制定班规的方法值得借鉴。

2. 帮助学生理解规则

众所周知,中小学生在行为规范方面较大的问题是"知行不一,行而不佳",即通常所说的"知道却做不到、做不好"。要做到真正的"知",不仅要了解规则的表面意思,更要懂得在日常生活中如何执行。

(1) 倾听心声

倾听心声是指先请学生讲,其他学生一起听,班主任再进行启发、补充和完善,这样既能了解学生的认知情况,有利于班主任后续进行有针对性的引导,又能让学生说服学生,避免令人生厌的"说服教育"。

(2) 鼓励提问

教师在布置相关任务时应鼓励学生提问。即使学生提出了一些与任务无关的问题,班主任也要帮助学生梳理思路,引导提问的学生和其他学生学会提问。

(3) 亲身体验

班主任可以在课堂中创设情境,引导学生体验规则,也可以唤醒学生在班级公共生活中的感受,触动学生。学生亲身体验后理解才会更深刻,这远远胜过班主任千辛万苦的说教和反复的提醒。

(4) 总结教训

班主任可以请学生总结在日常生活中违反规则得到的教训,也可以引导学生分析相关案例,观看违反规则的视频,增加学生的间接生活经验。案例或视频使用时,应注意避免引发学生心理不适和恐惧。

撞人和被撞的后果

"上个星期,在走廊和楼梯被别人撞到过的小朋友请举手。"十几位学生举起了手。

班主任问:"老师采访一下你们被撞的后果如何。"有学生说:"我的屁股摔得疼死了。"班级里哄堂大笑。又有学生说:"我去办公室交全班的作业本,被隔壁班级的男生一撞,手里的作业本全都掉到地上了,我花了好长时间才整理好,害得我第二节上课都迟到了。"……

"上个星期,在走廊和楼梯撞到过别人的小朋友请举手。"只有两位学生举起了手。

班主任又问:"老师采访一下你们撞别人的后果如何。"有学生说:"他没有摔倒,我摔倒了。"班级里又是哄堂大笑。又有学生说:"我撞到了一位女老师,她把我拉去办公室,教训了一顿。"有学生检举说:"老师,还有几位下课后乱跑的同学没有举手承认……"

"还有更惨的呢!两个初中生在楼梯上闹着玩,结果追的人脚扭伤了,被送去医院救治。撞人和被撞的后果这么严重,我们应该怎么办?"班主任接着问,二十几位学生举起了手。

有学生说:"专门派人在下课后检查,抓到了,第一次扣一分,第二次扣两分……"有学生说:"按照班规,批评他们。"有学生说:"还要让他们在全班面前检讨。"……

过了一个星期,再也抓不到下课后在走廊和楼梯乱跑的学生。

上述案例中,班主任组织学生交流违反规则的后果,学生亲身体验和后果教训的交流很坦率,讲道理很充分,对于同学的提问很直接,提议的办法很实用,最后的成效也令人满意。

3. 允许重新探讨规则

一般来看,学生的抗拒被视为纪律问题或品行不端的坏行为。然而,当我们检视抗拒的本质时,并不是所有的抗拒都应该被引证为品行不端的坏行为,或者将它视为问题来对待。抗拒应该将其正面和负面的意涵合并起来理解:抗拒是建设性或破坏性的对立行为。[1]

社会心理学研究成果表明,遵守规则行为的发生可能是因为个体理解了规则进而转化为内在需求,也可能是因为相应的奖惩机制发挥了一定的作用。[2] 处于

---

[1] 胡春光.学校生活中的规训与抗拒[D].华中师范大学,2007.
[2] 张聪.学规训抑或引领——班规视角下儿童规则教育的实践困惑与省察[J].教育科学研究,2018(4).

青春期的孩子重新探讨规则,是内化过程中必不可少的行为方式。因此可以说,在社会允许的范围内的反抗行为是健全的。[①] 在班集体建设过程中,班主任不仅要帮助学生深入理解规则,更要引导学生重新探讨规则制定的目的,从而更好地帮助学生内化外在的规则。

为什么不可以先走

"为什么不可以先走?"小明同学疑惑不解,"我先完成了扫地任务,他们动作太慢。"

"哦,你是这样认为的。"班主任不急不躁地说,"你知道我们班级的值日生工作规则吗?"

"班级卫生任务全部完成了,值日小组一起离开教室。"小明同学说,"但小组分给我的扫地任务,我全部完成了呀。"

"让我们听听其他同学的想法吧。"班主任不紧不慢地说。

"除了扫地,还要擦黑板、排桌子、倒垃圾……"小李同学马上举手说。

"老师,小明扫地动作很快,可是扫得不干净,害得我们又扫了一遍。"小王同学不满地说。

"昨天小张同学生病请假,我们小组少了一个人。如果大家都像你一样的话,小张同学的扫地任务谁来完成呢?"小沈同学提出了疑问。

"我们再一起想想,我们在制定值日生工作规则的时候,为什么要规定'值日小组一起离开教室'呢?"班主任把话题引向了班规。

"老师说过,值日生工作是分给整个值日小组的,需要值日小组的人一起完成。"

"分工不分家,一个小组的人还要互相帮忙,互相合作,把教室打扫干净。"

"遇到特殊情况,大家要一起想办法,一起解决。"

"大家的理解很正确。一个小组,就是一个团队,就是一个小集体。小集体里不仅要分工,更要合作,才能建设好班级大集体。"班主任说。

"我明白了,如果小明同学请假,小组里的其他同学就要重新分工,一起完成值日的任务,而不是留着让小明上学后再来打扫。"小沈同学对小明同学说。小明同学笑了,全班同学都笑了。

———————————

① 钟启泉.班级管理论[M].上海:上海教育出版社,2001.

后来,班级里再也没有出现过值日生先走的现象了。

小明同学对于班级值日生工作规则提出了自己的疑惑,班主任并没有简单地以权威进行批评和压制,而是引导全班学生在理解规则的基础上重新探讨制定值日生工作规则的目的。小明同学和全班同学的笑也消除了后续的其他抗拒,班集体建设顺利推进。

3　组织培育:从管事管人到成事育人

实践困惑

班干部的管理能力变弱了

新学期开学,经过自由竞选,新一届的班委产生了。班主任李老师想着:"学生上三年级了,班里的事不能都要老师操心,应该放手让班委自己管理班级。再说了,这届班委很多都是上届的班干部,能力还是有的。"果然,几位班干部很兴奋,认真地管理起班级的各项事务。李老师见了,心里很高兴。

没想到不到两周,班级管理出现了混乱。自习课上,班委喊破嗓子请大家安静,可大家不理不睬;十分钟队会,班委策划的"画鼻子""抢椅子"游戏,被大家吐槽没新意;黑板报设计时,班委因为"谁画画、谁写字"争吵不休,闹得不欢而散……大家对班委的管理不满意,班委内部也是矛盾不断。

李老师不明白:一二年级时,这批班干部能管得住学生,学生也能听他们的话,怎么到了三年级,班干部的管理能力就变弱了,学生的抱怨声也多了?

李老师的困惑也是很多班主任的困惑,对此需要追问一个问题:班委仅仅是管事管人吗? 显然,班级组织自身也需要经历一个初建、磨合、发展、成熟的培育过程。

概念辨析

本书中的组织培育是指基于学生成长需求和班级发展需求,在班主任的引导下,班级组织通过民主竞选、共商愿景、协商合作、自治自育等方式,慢慢从初建、磨合到发展、成熟,最终实现团体和个人的自主成长、共同发展。

组织培育的关键就是成事育人。有研究者认为,把成事育人作为核心取向,是为了确认班级管理作为教育活动的专业性,让具体的班级事务承担起育人的功能。[①]

基于上述理念,在组织培育的四个阶段,班主任要努力把组织运行中产生的问题转化成教育资源,发现班级生活的教育价值,引导班级组织在活动实践中学

---

① 李伟胜.班级管理[M].上海:华东师范大学出版社,2010.

会交往、沟通、协商、合作,从而实现自组织、自辅导、自管理、自教育,最终在成事的过程中达到育人的目的。

🔔 **理性思考**

为什么老班委会出现新问题?李老师的这个教育困惑其实暴露了目前班级组织的软肋。

1. 育人性偏弱,倾向控班管理

有些班主任仍是班级的"掌门人",学生组织团体只是班主任的"代言人"。班主任组建班级组织的目的通常是管理好班级,而不是培养好班级主人。在角色定位上,班级组织更多的是班主任管理班级的"好帮手",而不是自主建设班级的"民主人",学生群体在班级中仍处于被动接受管理的地位。所以,我们会看到,目前班级组织培育中经常出现教师主导型、精英培养型、制度管制型等现象。究其根源,便是组织培育时更倾向于控班管理,而不是成事育人。

2. 能动性欠缺,奉行上行下效

学生有性别、个性、能力等诸多差异,所以,不是每位学生天生就具有组织、协调、合作的能力。当班主任放手让学生独立组织活动、管理班级时,部分学生无奈地被推着上岗,因自身能力不足,只能被动地执行着老师或团队布置的任务。当然,也有一些外部因素,如激励机制、评价机制等不完善影响着学生的积极性和主动性,他们习惯性地模仿老师或同学的管理方法,消极应付团队任务。因此,很多组织培育中出现的问题,其根源在于班级组织的能动性欠缺,使得学生被动接受老师的指令、班委的指挥、制度的管制,而不能自觉自主地进行管理。

3. 发展性不强,往往一成不变

虽然班委是换届选举新产生的,但他们组织开展的班级活动仍然选用老节目,常规管理仍然采用老方法。我们都知道,学生是不断发展中的人。随着社会的发展、年龄的增长、心理的变化等,学生的需求也在发生着变化,一成不变的组织管理是不能适应学生的发展变化的。由此可见,在案例中令李老师困惑的"老班委新问题",其原因之一就是在班级组织培育过程中,组织团体的发展性不强,不能满足学生的发展需求。

4. 协调性缺乏,总是意见不合

为了实现共同的目标,班级组织中的所有成员都需要学会互相尊重、协商、合作,这样班级组织才能得到良好的发展。但是在实践中,我们常常看到学生团体间因为意见不统一、想法不一致而产生矛盾。就如案例中李老师班级的班委因为"谁画画、谁写字"争吵不休。我们仔细分析其中的原因,不难发现是因为学生的沟通协调能力不强,遇到问题不会协商,不会协调,进而产生了矛盾冲突,影响了班级组织的发展。

操作策略

基于上述问题现象和归因分析,我们认为,班级组织培育应该是一个动态发展、自主成长的过程,需要经历初建、磨合、发展、成熟的成长阶段。处于不同的成长阶段,组织培育的发展目标、策略方法、实施内容等都应该有所不同。

1. 初建阶段:辅导学生参与,初步建立组织架构

组织培育首先要经历一个从无到有的形成阶段,班主任需要有目的、有计划、有策略地进行教导,了解学生的需求,组织发动学生人人参与班级建设。

(1) 开展学情调查

① 访谈式调查。班主任可以利用多种机会和学生谈心、聊天,和任课教师、家长沟通学生的情况,从多个角度了解学生,如能力特长、兴趣爱好、伙伴关系等。

② 问卷式调查。班主任可以精心设计一些开放性的话题,如"谈谈你对班干部竞选的看法""你觉得班级管理中有哪些问题需要改进""说说你喜欢的小队活动"等,按照学生的需求设置组织岗位,激发学生的能动性,让学生真正成为班级建设的主体。

(2) 组织民主竞选

① 全员竞选。班主任需要组织学生在班级生活中开展自律竞赛、服务竞赛、管理竞赛、才艺竞赛等,指导学生与同伴进行责任意识、服务精神、管理能力、兴趣特长等方面的评比,通过竞争上岗进行定期的岗位轮换。

② 团队招募。在学情调查的基础上,班主任组织全班学生共同商议,确定管理项目和相应的管理部门。通过全体学生民主推选和投票竞选相结合的方法选举出每个部门的负责人,然后由各部门负责人自主招募成员,招募时坚持双向自愿的原则,如想加入的人数多则采用竞聘的方式。

2. 磨合阶段:指导学生共商,同步形成组织系统

班级在组建之初只是一个松散的群体,班主任需要指导学生互相加深了解,

建立团队关系,共商团队计划,拟定团队制度,形成具有共同目标的组织系统。

（1）建立团队关系

① 开展破冰游戏。在"站报纸""走格子"等破冰游戏中,学生为完成游戏任务会想办法、出点子。这种轻松愉快的气氛能够增进同伴的互相了解,慢慢形成团队的凝聚力。

② 设计团队标识。在设计团队名字、口号、队徽、队歌等团队标识的过程中,团队成员不仅可以进一步相互了解,还能逐渐形成团队理念、共同追求。

③ 讨论团队岗位。事先发动学生为团队寻找服务岗位,讨论岗位职责,随后自主选择合适的岗位,明确团队分工,确保团队活动有序开展。

（2）共商团队计划

① 制定分层目标。组织学生一起讨论并制定团队和个人的分层目标,如一个学期的远期目标、一个月的中期目标、一个星期的近期目标。

② 商定发展计划。发动每位学生为团队发展出"金点子",随后组织团队成员进行集体讨论和评选,梳理出团队的发展计划。

（3）拟定团队制度

① 征集全员意见。广泛征集学生对团队制度的意见,并提出建议供学生讨论,如纪律问题、评价方式、请假事宜等。

② 草拟团队制度。对于低年级学生,帮助他们恰当表述;对于高年级学生,指导他们整理与归纳意见和想法,并初步拟定团队制度。

③ 开展讨论交流。鼓励学生踊跃发表个人意见,对不完善的内容进行修改,对没有涉及的内容进行补充。

④ 团队表决通过。遵从少数服从多数的原则,进行民主表决,并把表决通过的团队制度张贴在班级园地中。

3. 发展阶段:教导学生合作,逐步带动团队发展

随着班级活动推进,新的问题会逐渐出现。因此,在组织的发展阶段,班主任需要通过调查了解学生的实际问题,引导学生合作,促进班级组织的良性发展。

（1）开展岗位指导

班级组织形式多样,学生在班级组织中要承担的岗位也是多样、动态的,班主任要帮助学生尽快胜任岗位工作。

① 日常随机指导。班主任要做学生日常生活的观察者和问题的发现者,给予学生建设性意见,引导学生自主解决问题,或请团队成员带教,协助学生解决问题。

② 岗位课程培训。根据学生的年龄特点、能力水平等,班主任要设计相应的岗位辅导课程,定期开展培训活动,形成具有本班特色的岗位指导课程。

（2）沟通协商指导

① 日常例会沟通。日常例会可由团队成员轮流主持。学生交流成长体验,进行经验分享;开展问题研讨,协商解决方法;开展团队评价,讨论改进措施。

② 班会情境体验。班主任通过情境模拟、角色互换、问题会诊等多种体验方式,引导学生自主解决问题,化解矛盾冲突,提高协调能力。

③ 研讨会商谈沟通。班主任可以营造"理想的言语环境",采用"以言行事"的商谈方法,组织学生共同商谈,达成共识。

（3）完善团队制度

① 在交流反馈中完善制度。班主任引导学生利用周记撰写、谈心、QQ 聊天、述职汇报等,反思原有的团队制度,提出自己的建议,从而更好地完善团队制度。

② 在常态评价中生成新规范。班主任引导学生定期或不定期地对团队和个人的分层目标、岗位履职情况、活动推进情况等进行动态的民主评议,通过互相商议、集体修改、表决通过的方式完善或生成新的规范和制度。

4. 成熟阶段:引导学生自治,稳步促进集体成长

班级组织发展进入正轨后,班主任还需要进一步思考如何促进学生个体和组织团体向更高的自治层次发展。

（1）自组织:自己的活动自己组织

① 参与策划。学生从生活中发现真实的活动内容,随后组织讨论,商讨解决方法,拟定活动方案,明确角色分工。

② 共同组织。根据角色的不同,学生需要发挥自己的才能,有意识地挖掘身边的生活资源,主动开展好各自的工作,角色分工也可以适时更新变化。

③ 合作反思。记录活动中的故事,写下自己的心得体会;搜集活动中的困惑,互相分享成长收获;开展多样化的评价,一起改进团队的后续活动。

（2）自辅导:自己的同伴自己辅导

①"导师"带教辅导。所有学生均可根据自身能力、兴趣、特长等自荐成为"导

师"，然后团队的其他成员可以根据自身的需要和"导师"结对。

② 团队互助合作。每次活动前,召开日常例会讨论活动的具体事宜,学生根据自身能力自主选择任务并独立完成,或与同伴两两结对合作完成任务。

（3）自管理:自己的事情自己管理

① 人人参与管理。每位成员都有参与班级事务管理的机会和权利,同时也需要主动承担起管理班级的职责和义务。

② 人人接受管理。每位成员都要自觉遵守班级组织拟定的规章制度,同时建立自我评价机制,主动进行自我反思和自我诊断,努力增强自律意识。

（4）自教育:自己的问题自己解决

① 组织生活会。开展日常例会、座谈会、辩论赛等多种活动,促使学生在交流、辨析、反思中提升问题解决能力。

② 组织述职会。一般情况下,组织述职会每月召开一次,会后全体学生通过民意测评表对每个组织团体进行评价。

③ 组织议事会。可以引入罗伯特议事规则,人人参与商议班级事务或组织事务,共同进行民主管理。

班级组织培育的四个阶段是由低级向高级逐层递进发展的,在上一阶段培育良好的基础上,组织才能顺利进入下一阶段的发展。因此,班主任需要认真研究组织培育每个阶段的特征,确保组织在每个阶段都能更好更快地完成发展目标和任务,最终实现班级组织和学生个体的自主发展。

班级管理新模式之"团队合作式管理"诞生记

班级实践是班主任智慧的源泉,困惑会催生新的希望。

1. 竞选出现新问题

班级要竞选新一届的班干部了,可自愿报名参选的人数不足1/5,参选的大部分学生还是"老面孔"。学生还是那群学生,竞选还是那样的竞选,学生的热情却不见了。

2. 民主建团队,合作学管理

于是,我进行了一次学生调查。针对早晨自习、课堂纪律、课间休息、中午用餐、放学路队五个管理难点,我遵循民主竞聘和自主组团的原则,组建了五个管理小队。一时间,各个小队兴致高昂。

两个星期后,班级里出现了抱怨声:"我明明做得好好的,大家为什么给我扣分""自己上课都不专心,怎么能管理我们呢"……虽然团队合作让学生人人有机会参与管理,但这不等于人人会管理,学生自主管理能力的提升需要一个过程。

3. 团队共商讨,公约共拟定

第二天,我给学生布置了一项作业,请他们写下活动感受:"在这次团队管理的活动中,你遇到了什么困难?在岗位评价中,你有什么疑惑?"

在随后的班会上,我让五个小队围绕作业中的问题展开讨论。通过"团队有公约"活动,团队管理真正有了制度的保障,学生间的矛盾渐渐少了。

4. 集体学评议,管理更自主

过了一个星期,有学生诉苦:"大家总是说我评价不公正,可我明明就是按标准来评价的……"我想,或许可以开展班级评议活动,引导学生在沟通中学会协商,在协商中学会民主。

每天放学前的 15 分钟,五个小队会公布学生当天的行规得分,如果某位学生有异议,管理小队立即说清楚缘由,其他学生也可以发表看法。每个月最后一周,班级召开"管理团队述职交流会"和"优秀团队表彰会"。

转眼之间,班级"团队合作管理"活动已开展了两年,学生的自主管理能力不断提高,班集体也逐渐走向成熟!

(上海市松江区教育学院 蔡晓燕老师)

从案例来看,班主任并不满足于原有班干部队伍的产生与组成,而是从班级整体发展的角度出发组建了五个管理小队,避免了原先班干部单干模式的一些弊病,但同时带来了挑战,班主任组织学生共同商讨、制定班级公约、民主评议,这些组织培育方式使团队合作式管理逐渐成熟起来,每位学生都在团队中不断成长,班集体也不断走向成熟。

主题四

班级会议的正名

你说，我讲，
我们的想法丰富多彩！
你问，我答，
我们的思维积极碰撞！
你论，我辩，
我们的讨论别开生面！

1　会议举行：从非常态化到新常态化

实践困惑

班主任眼中的班会

"今天的班会是什么内容呀？"

"QQ 群里发了 15 分钟的视频。"

"剩下的时间呢？"

"自己决定，班级最近没什么事，我讲会儿题目。"

"哦，我们班有几位男生特别调皮，我正好在班会上训训话，抓抓班级纪律。"

"嗯，班会就是要做这样的事。"

"特别提醒，别忘了拍两张开班会的照片，要上传的！"

学生眼中的午会

"今天你们班午会做什么呀？"

"听广播！"

"然后呢？"

"自修呗！"

"那为什么叫午会呀？"

"中午休息会儿！"

班主任的茫然和学生的调侃都反映了目前班级会议的困境——非常态化，简而言之就是不知道"为什么开会""开什么会""怎么开会"，这"三不知"的原因值得我们深思。如何发挥班级会议在建班育人中的功能，需要我们去探索和实践。

概念辨析

班级会议是由班级全体成员对班级公共事务进行讨论和决策的会议，包括班级学生讨论班级计划、班规的制定、岗位的设置、各种班级突发事件的解决、学生的评优、活动的设计与组织等。班级会议是一个引导学生自己处理班级公共事务的平台，为学生提供了表达个人意见和参与班级民主管理的机会。

除主题班会外，常见的班级会议类型还有班级例会、班务会议、学生座谈会等。每种班级会议类型又可以根据班级建设的需要细化为各种具体的会议，如班级例会包括班(团)干部例会、班级每周例会,班务会议包括班干部选举会、活动策划会议等,学生座谈会包括班干部座谈会、学习困难学生座谈会、关于回家作业的座谈会等。

班级会议是一个让学生自己处理班级公共事务的载体,体现了"把班级还给学生"的理念,是班级在实践层面上从"班主任管理对象"向"学生自治组织"转型的标志。[①]

🔔 **理性思考**

班级会议非常态化有很多客观原因和主观原因。

1. 舍不得花时间开会

很多学校每周都安排了一节班会,但每周只有一节班会是远远不够的,因此,大多数学校在每个上学日都安排了一节午会,时间长度为20至30分钟,也有少数学校没有安排午会,班主任只能见缝插针。即使学校安排了午会,其中的部分时间还要用于各类主题教育,如卫生健康教育、国防民防教育、时事政治教育等。剩下不多的时间有时也会被占用,如订正作业、讲解某个学科的题目等。任课教师利用少许班会时间补课的现象在学校中并不少见,在班会的开展过程中偶尔也会有学科教学的内容,学生对此也习以为常。

2. 不愿开会和不能开会

一是班主任不愿开会。因为班主任同时也是任课教师,所承担的课时一点不比其他任课教师少,如果将主题班会视为"课",就等于班主任承担了额外的课时,更何况精心准备一次班会常会占用班主任更多的精力。所以,只要不是公开展示,班主任往往让学生自己去准备,学生也乐得把班会作为一个放松的机会,在唱唱跳跳、玩玩闹闹中完成任务。如果不是学校有明确的召开班会的要求,班主任更倾向于将班会的时间用于班级工作小结或学科知识学习。

二是班主任不能开会。稍有一些德育常识的人都知道,相较知识和技能而言,解决价值观问题要难得多。教授思想品德课和心理课的教师一般都有学科专业背景,而班主任普遍缺乏德育的专业背景。如果我们将班会视为一门德育课,其效果可想而知。事实上,许多班会课上,班主任更多的是进行道德知识的灌输

① 张鲁川.班级会议:班级转型的一条进路[J].现代教学,2018(8).

或假大空的倡导,很少意识到"学生道德方面的问题不是他不知道应该怎么做,而是他不知道为何这样做或知道为何但不愿意去做"①。

3. 除主题班会外,其他班级会议的培训几乎没有

社会各阶层对其他班级会议的重视不足,例如,在各区的班主任技能大赛、优秀班主任技能展示中,主题班会一直是重点内容,而其他班级会议却很少见到。事实上,其他班级会议的独特教育价值在实践中也经常被忽略。

在学校每学期组织的班主任培训中,经常会涉及组织主题班会的培训内容,现行的班主任手册上每月必填的也有主题班会这一项目。而对于其他班级会议,各方面都不够重视,无论是社会上还是学校里都不太会有其他班级会议的培训。

没有重视,少有培训,也导致大部分教师即使知道有其他班级会议,也没有太多的正式渠道去学习如何有效地开展其他班级会议。

操作策略

班级会议举行应由非常态化转变为新常态化。

1. 在开会中学习开会

就班主任而言,我们认为,开好班级会议是班主任必备的基本功。众所周知,基本功无法依靠班主任培训一蹴而就,班主任还需要在班级工作实践中"摸爬滚打",才能真正掌握和运用相关方法。在开会中学习开会是班主任内化与提升基本功的现实途径。

就中小学生而言,我们认为,中小学生应在开会中学习开会,了解怎样开会,知道自己可以在班级会议中做什么,从而懂得在班级公共生活中如何参与班级事务和管理自己。卜玉华教授指出,班会之所以一直在我国中小学班级生活中占有相当的地位,原因在于通过它可以培养学生的集体意识、民主意识、主人翁精神以及自己管理自己的能力;通过它可以开展批评与自我批评,表彰好人好事,促使集体正确舆论的形成;通用它可以丰富和活跃学生的集体生活内容,促进学生个性和社会性发展。对于班主任而言,它也是班主任对学生进行管理教育的重要途径和手段。②

① 张鲁川.主题班会中的一致与冲突[J].江苏教育,2017(55).
② 卜玉华.当代我国班级生活的独特育人价值及其开发之研究[J].教育理论与实践,2008(8).

再开一次班会

"我觉得班级里还可以增加一个生物角,这样不仅能美化班级,还能培养我们的责任意识。"

"我觉得生物角打理起来比较麻烦。"

"我觉得还是增加一个阅读角吧!我们用班费买一些书,大家课余的时候可以多阅读。"

"我觉得还是增加一个作品展示台,把大家制作的作品展示在这里。"

"七七八八的作品,摆在一起也不一定好看。"

"要不……"

"我不同意……"

"……"

"同学们,这节课已经接近尾声,你们是否讨论完毕?"

"没有……"

"你们想想为什么这次班会严重超时,并且没有结果。"

"刚才太吵了,大家七嘴八舌。"

"大家都自顾自地发表意见,并没有认真听取他人的建议。"

"那你们打算怎么解决?"

"再开一次班会,这次,我们要学会倾听并且考虑他人的建议。"

(上海市宝山区实验小学　张婷老师)

在本案例中,为什么这次班会严重超时,并且没有结果呢?班主任以会议中的实际问题引导学生思考,并让学生在分析原因的基础上寻找解决方法,学生决定"再开一次班会"并且"要学会倾听并且考虑他人的建议",这就说明学生在开会中领悟了开会的要领。

2. 召开班级日常会议

班级日常会议有很多,我们建议必须开好以下五种会议。

(1) 班干部例会

班干部例会是指班干部依据班级的惯例每隔一定期限举行一次班级管理交流会议,主要内容为班级工作分配、总结,及时反馈全班学生的意见和建议,加强沟通交流。

全体班干部都需要参加班干部例会,会议过程中要求就事论事,不允许对某位参与人员或其他人员进行人身攻击及侮辱。鼓励各位班委提出意见、建议等与其他成员讨论,但不提倡在会议过程中提出与议题矛盾冲突过于激烈的观点。

班干部例会中如果出现需要投票的情况,应由会议参与人员自愿充当唱票者,严禁由会议召集人确定唱票人员,以确保投票的公平、公正、公开。

每月例会

劳动委员发言:"最近班级卫生情况很不好。比如,中午写毛笔字时,有些同学的墨汁滴在桌面和地板上,没有及时擦干净,给放学值日的同学带来了很大的麻烦。"

有学生举手补充:"有的同学写完毛笔字,把沾有墨汁的纸巾随地乱扔,教室里特别脏。"

有学生补充:"我发现,因为练习毛笔字,很多值日生中午都会忘记打扫班级卫生,晚上打扫起来又累又费时间。"

劳动委员问:"大家有什么好的解决办法吗?"

有学生提议:"我认为需要补充一条关于卫生方面的班级公约。"

有学生附议:"我也同意,应该明确写完毛笔字后怎么做好保洁工作。"

劳动委员说:"我们对于要制定保洁工作的班级公约这个提议进行举手表决,先请赞成的同学举手。"有学生现场统计人数。

劳动委员说:"全票通过,那我们就把它当作下次班会的主题。"

(上海市宝山区实验小学　朱怡老师)

在本案例中,班级的每月例会程序相当清晰,首先陈述卫生问题,接着讨论解决方法,随后举手表决,最后形成例会决议。

(2) 汇报会议

汇报会议,也称述职会议,由学生讲述自己一段时间来负责的班级工作情况并对相关问题提出建议。

全班学生都要汇报自己负责的班级工作情况,重点汇报人员包括班干部、课代表、小组长、各岗位负责人。从这个角度来看,汇报会议其实是对班级建设情况分期、分批、分类的汇总,也是总结优点和经验、发现缺点和问题、后续改进和提高的举措。班主任只要在分配班级工作时安排好班级会议时间即可,不用每次都苦思冥想班级会议的内容。

汇报会议的流程如下:①主持人介绍会议主题和汇报人员;②主持人宣读会议纪律要求;③主持人逐个邀请述职人员进行述职;④其他学生提问或评议;⑤班主任或主持人进行总结。如果一次会议时间不够,可顺延到下一次会议。

岗位述职

班长主持会议:"今天是每两周一次的行规纪律汇报会议,下面我们从中队干部开始汇报。"

纪律委员陈述:"我负责管理班级纪律,下面我将从眼保健操、课间文明、两分钟预备铃等方面汇报同学的表现。首先要表扬班级同学,大家在这段时间都能认真做眼保健操。其次,在两分钟预备铃的时候,大部分同学都能及时回到座位,准备上课;有个别同学会在两分钟预备铃的时候聊天或做作业。问题较大的是我们的纪律问题,下面请课间监督员来汇报。"

课间监督员汇报:"这两周的课间,大部分同学能做到文明休息。但最近多次出现追逐打闹的现象,有的同学甚至一路追打到厕所,这是非常危险且不文明的行为。"

班长总结:"是的,下个阶段我们要重点制止和纠正课间不文明的行为。"

(上海市宝山区实验小学　朱怡老师)

在本案例中,班长主持会议很老练,纪律委员和课间监督员的陈述有条不紊,先表扬后提问题,对事不对人,既避免了把述职会议开成"批斗会议",又提醒了少数不守纪律和不文明休息的学生,最后,班长提出了与之相关的班级下个阶段的重点工作。

(3)小组会议

小组会议是指学生基于班级中不同身份角色而组成不同小组,进而召开的会议。小组会议类型包括值日生小组会议、班级管理小组会议、班级社团小组会议等。

小组会议的优势包括:①小组人数较少,组内学生可以多发言,避免在班级会议中发言不充分的情况;②小组氛围宽松,内向的学生容易受到鼓励,避免在班级会议中不敢发言的情况。

我爱诗歌小组会议

"今天,我们一起交流冰心的诗集《繁星》。"

"我想给大家朗诵《繁星(一三一)》。"

"小贾的朗诵感情真挚,让我感受到了作者对大海的热爱。"

"我也很喜欢这首诗,让我来试试吧。"

"你读得也很棒,尤其是最后一句处理得特别好。"

"我最喜欢《繁星(七一)》……"

"瑶瑶的进步很大,一下子把我带回了美好又幽静的童年,但我觉得语音太上扬了,下次朗读时可以把声音放轻一些。"

"谢谢你,那我再试试……"

"哇,这次读得更好了。"

"我仿照《繁星(一五九)》,写了一首诗,读给你们听听。"

"你写得真好,我感受到了你对母亲的依恋。"

(上海市宝山区实验小学　张婷老师)

在本案例中,班级社团小组会议的内容是诗歌交流,形式活泼,有朗诵,有谈感受,有改进意见,有评价,有分享。因为社团小组成员兴趣相同,人数少而发言机会多,大家互相鼓励,交流顺畅,会风良好,凸显了小组会议的优势。

(4)学生座谈会

学生座谈会是指由班主任以非结构化的方式对一部分学生进行的访谈。座谈会由班主任主持并引导学生讨论,主要目的是从班级中抽取一部分学生,通过聆听他们谈论班主任的话题来了解学生的真实想法。要想主持好学生座谈会,班主任要具有互动亲和能力、提问和倾听能力、会议过程控制能力。

学生座谈会的类型,可以从了解班级问题、设计班级活动、听取意见等角度来划分,常见的类型包括班干部座谈会、课代表座谈会、小组长座谈会、学习困难学生座谈会等。座谈会可以分期、分批、分类进行。

怎么过"六一"国际儿童节

一、座谈会的目标

了解学生关于"六一"国际儿童节的想法,商议活动内容。

二、座谈会的时间

星期二中午,时长20分钟。

三、座谈会的参与人员

通过班级海选,确定班级活跃分子5人。

四、座谈会的地点

学校会议室。

五、座谈会的准备

请学生自带纸和笔。

六、座谈会的主持人

班主任。

七、座谈会的具体过程

(一)班主任说明本次座谈会的目的

时间真快,我们班级已经五岁了。大家是否还记得从一年级到四年级过的儿童节?今年的儿童节怎么过?请大家说说自己的想法。

(二)班主任宣布本次座谈会的规则

会议规则:一个一个说,不要着急;如果你反对同学的提议,请说明理由;如果你要补充想法,请说具体一些。

(三)班主任引导座谈会的进程

班主任:现在开始……

生1:我们今年多设计一些游戏,大家都喜欢做游戏。

生2:踩气球吧,很热闹!

生3:大家都踩气球的话,需要很多气球。谁来买气球?钱从哪里来呢?

生4:我有压岁钱,可以让妈妈帮忙买一下。

生5:你会给气球打气吗?我们怎么扎紧气球口子?气球如果漏气的话,是没办法玩的。

班主任:我们可以请家长来帮忙,这个游戏记一下。大家还有什么想法?

生6:我建议每个游戏都由一至两位同学专门负责。

……

(四)班主任总结

同学们,讨论的时间马上就要结束了。散会后,请大家再去做一件事,问问其他同学有什么建议,汇总一下大家的建议。感谢同学们的参与,谢谢! 散会。

八、座谈会的整理

这次座谈会是一次头脑风暴,学生代表学到了一些商谈的方法,可以在会后征求意见并与其他学生互动,这是本次座谈会最有意义的地方。

(上海市松江区仓桥学校 范洪老师)

座谈会人数少,其价值和意义不仅在于商谈的结果,更大的作用在于班主任在召开座谈会的过程中能够具体指导学生如何进行民主协商。多召开座谈会,就会多一些共识,少一些隔阂。

（5）线上会议

线上会议是指利用互联网技术召开的班级会议。线上会议不同于线下会议,这是一种新形式的会议,也是对班主任的挑战。

飞速发展的互联网为班级会议提供了新的平台,班主任可以通过"腾讯会议""晓黑板"等软件开展线上会议。2020 年,有位班主任通过互联网平台开展线上班级建设,并且利用网络平台进行了一次"云"选举。

"云"选举

选举前,班主任利用"晓黑板"讨论板块组织学生进行了两次讨论。

1. 选举方式讨论

班主任在"晓黑板"讨论区里发布讨论话题"以什么形式进行选举,可以保证公平公正"。经过讨论,学生提出在"晓黑板"活动板块上传竞选视频,可以自荐,也可以他荐,以点赞数选出候选人,最后通过"晓黑板"进行投票选举。

2. 评选标准讨论

班主任在"晓黑板"讨论区里发布讨论话题"评选标准有哪些"。学生在讨论区留言,内容包括:是否具备胜任工作的能力,以及一些与竞选岗位技能有关的特长;有无为班级服务的意愿;姿态是否大方、自信等。最后,班主任引导学生做好汇总和整理工作,参照队章标准进行细化。

竞选者对照评选标准,在竞选视频中明确表达自己竞聘的职务,并且介绍自己的特长。

选举当天,班主任在"晓黑板"活动区开展了"民主竞选"活动,设置了竞选时间,在规定时间内,点赞数量最高的几位学生成为候选人。过程中,学生积极参与,给自己认可的同学点赞。最后,大家通过"晓黑板"的投票功能,选出了新一届的班委。

(上海市宝山区实验小学　朱怡老师)

"云"选举减少了现场选举中可能出现的尴尬、紧张,给了内向的孩子一个展示的平台。这次"云"选举中,参与竞选的学生明显多了。这种新型的班级会议模式更加自由、民主,大大提高了学生的参与积极性。

3. 做好班级会议总结工作

班级日常会议的基本流程是陈述议题,就议题展开讨论,归纳讨论结果或提请表决,进行会议总结。班级会议总结工作包括班级会议的当场总结工作和班级会议的后续总结工作。

班级会议的当场总结工作是班级会议实施过程中一个非常重要的环节。班级会议总结主要包括两方面:一是宣布本次会议就什么议题达成了什么样的共识;二是宣布某个决定的效果和效力,明确下一阶段的具体行动。

我们认为,在小学阶段,会议总结工作可以由班主任来承担。在初中、高中阶段,可以先由班主任承担几次,待学生熟悉民主讨论后,由学生推选的班干部负责会议总结工作。

班级会议的后续总结工作是指每次召开班级会议后,都要做好会议后的追踪关注工作:一是要及时了解学生的反馈信息,抓住学生情感、行为上的变化,继续加以引导;二是对班级会议做出的决定,班干部要认真监督执行;三是在执行班级会议制定的规则或开展具体行动时,出现了问题要及时召开班级会议予以修订和完善。只有这样,班级会议才能发挥出实效。

2　公共话语:从有话乱说到有话好好说

实践困惑

讨论区乱套了

2020 年 4 月,学生在线学习时间,班主任王老师的微信上传来了 3 张手机截图,是班级家长委员会中的一位家长发来的。

截图中是"在线课堂"上学生在讨论区发布的部分内容:生 1 得意扬扬地发了一条玩网络游戏升到高等级的信息,不服气的生 2 跟着上传了自己比生 1 游戏等级更高的图片,生 3 提醒"现在是上课时间,不要乱发信息",生 1 和生 2 立刻以搞怪表情图回应,生 4 连发了 10 条警示,提醒大家"专心上课,不要乱发信息"……

王老师很生气,自己明明已经在线上班会中宣布了在线学习规则,生 1 和生 2 还在乱发信息,生 3 和生 4 好意提醒,却掀起了更大的话语混战……

"在线课堂"讨论区也是班级生活的公共区域,有的学生乱发消息,把善意的提醒当作耳旁风,掀起更大话语混战背后的原因值得探究。

班主任生气于事无补,在班级公共生活中,公共环境的建设、公共秩序的维护、公共规则的执行、公共道德的形成等需要多方面的努力,其中,公共话语的引导是关键。通俗地讲,就是有话不要随便乱说,有话好好说。

概念辨析

公共话语是指创设各种渠道和平台,以便学生对班级事务和重大事件发表观点。班主任还可以引导学生就人际摩擦与纠纷进行有序沟通。未来公民的显著特点就是自治性,自治从自我教育开始。公共话语区别于主题班会,学生发表意见时是平等的参与者,是班级问题的解决者。[1]

在众多的公共话语定义中,我们认同上述关于班级生活中公共话语的定义。它有助于班主任的理解和实践。

理性思考

我们认为,讨论区乱套了表面上是线上班级建设的新问题,实质上还是线下

---

[1]　马兰霞.公民教育视野下"班级公共生活"的构建[J].思想理论教育,2010(20).

班级公共话语引导的老问题。

1. "有话乱说"需要引导

有学者在分析中学生公共品格时指出,中学生的公共言论有四个特点:一是偏执,固执己见,对异己的观点充耳不闻;二是盲目从众,不关心逻辑与事实,常随大多数人鼓噪;三是情绪化,缺乏辩证思维,听不进别人的批评意见;四是低俗化,发言时脏话连篇,无理谩骂。①

从实际情况来看,中学生公共言论的四个特点,在小学生中也是存在的。因此,在班级公共生活教育中,班主任需要引导中小学生运用公共理性、通过公共程序来解决公共问题,进行辩证分析,提升公共道德的约束力。

2. "有话好好说"需要交往理性的培育

从参与者的角度来看,从规则的生成和内化出发,班级是一种规则的集合。而规则不是先验地给定的,而是一种约定的结果,约定需要舆论,需要共识,需要论证,需要理由,因此,班级生活就是一种动态的、生成的、不断进行规则内化的有关交往过程的实践生活。一种理想的、民主的班级生活有赖于规则程序和舆论表达的良性互动。而教师需要通过一系列技巧和理念来参与并实现这个过程。这种包含着生成性论证对话的交往理性的实现过程本身就是班级生活的理想状态。②

目前,班级生活中的公共话语有三大困境:(1)有的班主任对于公共话语在班级生活构建中的重要作用认识不足,不敢放手,生怕因不可控而引发更大的麻烦;(2)中小学生是成长中的人,有想法却不成熟,有问题却不敢问,有建议却不知提;(3)在班级内,师生之间、学生之间的对话渠道不畅通,交流平台太少,讨论时间不充分。要突破这三大困境,关键在于班主任和任课教师。对学生来说,教师不仅是维持纪律的人、裁判、知己、提供道德标准的人和父母的代替者,还是能有效交流的、有知识的人。③

💡 **操作策略**

班主任可以从五方面来开展"有话好好说"的公共话语实践。

---

① 王雄,朱正标.重建学校公共生活——中小学公民教育的理论与实践探索[J].中国德育,2007(8).
② 徐冬青.走向民主的班级生活[J].思想·理论·教育,2004(7).
③ (美)戴维·波普诺.社会学(第十版)[M].李强,等译.北京:中国人民大学出版社,2001.

1. 创设"有话可说"的渠道

班主任所能观察到的班级生活内容是有限的,而学生之间最熟悉,最了解第一手信息,所以班主任要通过学生了解学生。对于班级公共生活,学生也有反映问题、发表看法、表达诉求等需要。由此可见,创设"有话可说"的渠道有其必要性。

学生"有话可说"的渠道主要包括四类:一是纸质类,如班级日志、周记、建议纸条等;二是话语类,如口头报告、日常聊天、访谈、座谈会、每周例会等;三是网络类,如 QQ、微信、语音电话、班级留言区等;四是会议类,如午会、例会等。

雨伞怎么放

今天下雨,教室里的雨伞摆放凌乱,有的放在窗台上,有的摆在柜子上,有的放在课桌下……唉,今天下雨,也没办法。教室地面湿漉漉的,有同学反映自己的雨伞被踩坏了,有同学说自己的雨伞找不到了……

有一个提议:请大家在进教学楼前用力把雨伞甩一甩,尽量把伞上的雨水甩掉一点。有一个问题:教室里的雨伞怎么放才好? 请大家集思广益。

记录班级日志的学生提出了"雨伞怎么放"的问题,问题虽小,却是个关乎全班的大麻烦。班级日志是由班干部或值日学生每天轮流记录的有关班级日常生活情况的公开性文本资料。班级日志可以由学校统一印发或班级自制,全班学生和教师都可以查阅班级日志的内容。班级日志不仅有每天出勤记录、上课、活动、表扬等栏目,还要记录学生反映的问题等,同时表达记录者或其他学生的想法、意见或观点。从这个意义上说,班级日志也是班级公共话语的载体。

2. 挑选"有话明说"的时间

除了创设"有话可说"的渠道,还要挑选"有话明说"的时间。"有话明说"是指在面向全班进行公开交流与讨论中达成共识。

"有话明说"的时间:从时间段来说,可以放在课间、午间、午会或班会等;从时间长度来说,短则几分钟,长则一节课,如果意见不统一,观点有分歧,可以分多次讨论。班主任要舍得花时间,不要急于一锤定音。学生内心的想法表露越多,越有利于班主任捕捉到矛盾与冲突的焦点,越有利于班级问题的解决。

雨伞可以这么放

雨伞怎么放? 值日班长在课间抛出了这个问题,引发了学生的热烈讨论。

有人说:"教室里的塑料盆可以用来放雨伞。"有人马上提出问题:"只有一个塑料盆,最多放十几把折叠雨伞,其他雨伞放哪里?"

有人说:"买几个大水桶。"也有人说:"买个放雨伞的架子。"有人马上问:"谁来买?"也有人问:"不下雨的时候,几个水桶放哪儿?"

有人说:"用大号塑料袋来放雨伞,折叠伞可以放在一起,不用的时候,可以把大号塑料袋折叠起来。"有人马上赞同:"这个主意好!"

有人问:"长柄伞放哪里?"有人说:"一起放在墙角。"又有人说:"集中挂在不容易被碰到的窗台上。"

……

这时,班主任进教室了,学生立刻围住了班主任。班主任提议,几个办法可以一起使用。放雨伞的问题就这样解决了。

小雨伞,大讨论;小课间,大作用。给公共话语一个"有话明说"的时间,就能还班级一个惊喜。

3. 做好"有话能说"的准备

班级公共话语实践中,学生需要进行一定的理性思考并组织语言。中小学生的思维能力和表达能力是有限的,班主任要有意识地引导学生就相关话题和议题做好准备工作。

"有话能说"的准备:一是班主任准备好贴近学生实际的话题和议题,使学生不用"彩排"就能脱口而出;二是班主任指导学生做好发言准备,收集话题和议题的相关资料,整理发表意见和建议的思路。

请大家寻找科学证据和现实依据

"对于在教室里喝饮料的现象,目前班级里有三种意见,支持的人数较多,反对的人数占1/4,中立的人数较少。"

"请看我们的校规,其中没有教室里不可以喝饮料的明确规定。"

"好呀!"大部分的学生立刻欢呼起来。

"你们别太得意……"有思考的学生对在教室里喝饮料的现象提出了质疑。

"双方都要找到科学证据和现实依据。下一次,我们再进行讨论。"

"怎么准备呢? 可以上网查找资料,问家长和身边的人,寻找生活中的案例……如果资料比较多,可以选择重要的观点记在纸上。给大家一个星期的准备时间,够吗?"

在本案例中,班主任对于在教室里喝饮料的现象"小题大做",不搞"一言堂"的简单否定。其实,寻找证据的过程是班主任引导学生理性思考的过程,因为学生如果没有充分理解规则是很难内化的,在执行的时候也会大打折扣。

4. 开放"有话敢说"的平台

中小学生处于成长期,由于性格和胆识等方面的原因,有话也未必敢说。班主任要引导学生参与班级公共讨论,允许学生质疑,允许学生表达自己的观点,允许学生为自己辩护。有了这三个"允许",班主任就有了引导的依据,从而达成"以言行事",而非"以言取效"。

关于商谈的技能,哈贝马斯区分了"以言取效"和"以言行事"两种类型的话语行为。"以言取效"是所谓的策略行为,将他人当作对手,通过策略性的语言对他人施加影响,使其自觉或不自觉地服从自己的意愿。"以言行事"是通过言语行为与他人进行沟通,共同完成某件事情,双方都持以理服人的态度寻求共识。

教室里能不能喝饮料

第一步,在教室里喝饮料情况调查。

(1) 在教室里喝饮料与不喝饮料的人数各占一半。

(2) 没有带饮料到教室的原因及其相关人数:家长不允许的大约占60%,身边没有零花钱的大约占20%,家里不备饮料的大约占20%。

(3) 认为"不该在教室里喝饮料"的占总人数的25%。

第二步,请支持在教室里喝饮料的学生陈述理由。

生1:请大家仔细阅读饮料瓶上的说明性文字,果汁饮料里含有丰富的维生素,有益于人体吸收,小孩子特别需要。

生2:喝功能性饮料能够补充身体能量,特别是在体育课后喝,有很多好处……

生3:天气热的时候,喝带有气体的饮料,有利于调节体温。

生4:喝饮料的好处这么多,反对的理由何在啊?请投赞成票吧!

……

第三步,请反对在教室里喝饮料的学生陈述理由。

生1:多喝饮料会使人发胖。

生2:喝饮料,不解渴。口干的时候,喝饮料蛮舒服的,可是喝完了嘴唇不舒服。

生3:拿着饮料瓶喝,像小孩子喝奶瓶,我又不是小孩子了。

生4:女孩子爱苗条,喝饮料会使女孩子变胖。

生5:饮料渍不容易清洗。

生6:有的饮料中含有色素,还有防腐剂,多喝对身体不好。

……

短短的午会马上就要结束了,作为班主任的我不发表任何意见,也没有组织现场表决,只是引导学生思考:"听了同学的发言,你现在有哪些想法?"

随后几天,教室里的饮料越来越少,最后看不见了。一周后,我在午会上再次调查,8位学生在书包里藏着饮料,3位学生承认在学校里偷偷喝了饮料,5位学生说在放学路上喝了饮料。三周后,班级里没有人在学校里喝饮料了,也没有人在书包里藏饮料了。

简单的三步,解决了教室里能不能喝饮料的问题。在这个案例中,班主任没有"以言取效",而是给予时间让学生去思考和理解,让学生在教室这个公共场合中相互交流,以理服人,没有强迫的压力,学生也能渐渐去执行了,这就说明学生达成了共识,形成了规范。对于在教室里喝饮料的现象,班主任强行禁止和硬性规定的作用是有限的,即便学生在班级里不喝饮料,在家里也有可能会喝饮料,过多喝饮料对中小学生的身体健康不利。

5. 营造"有话好好说"的氛围

在班级这个公共空间里,日常生活丰富而繁忙,学生之间的话语时而引人发笑,时而引发误会,时而引起冲突……私下话语的情绪化不利于学生的和睦相处,会影响学生的关系。

不管是私下话语,还是公共话语,在表达的时候都需要避免情绪化,入情入理的话语更容易被接受和理解,通俗地讲就是"有话好好说"。班级中涉及面较广的私下话语可以放到公开情境中来讨论,发挥班级中正面公共话语的舆论导向作用。

师徒那点事

从六年级开始,班级里就实行同学间"一对一"帮助。现在到了九年级,学生问卷调查结果表明,认为"师徒"互帮互助开展得很好的占 11%(比例下降),认为开展得一般的占 15%(比例下降),认为开展得不好的占 74%(比例急剧上升)。

不和谐的声音主要集中在三方面:(1)师傅积极,徒弟被动;(2)徒弟过于依赖师傅,师傅不耐烦;(3)师徒都很积极,但都只从自己的角度出发,不考虑对方的感受。

于是,班会上,班主任组织学生进行"烦心事大会诊"。对于前两个问题,学生都有切身体会,各抒己见,气氛热烈,有的办法连班主任都没想到。

班主任说:"接下来讨论第三个问题,师徒都很积极,但都只从自己的角度出发,不考虑对方的感受。这该怎么办?现在请两位当事人说说当时的心情,先请徒弟来说。"

徒弟委屈地说:"师傅讲得太快,态度也不好,我根本听不懂。"

班主任说:"请师傅说说当时的心情。"

师傅委屈地说:"我觉得他一点也不认真,他问的问题都是老师上课讲过的,我自己时间也有限,有很多作业要做,感觉很烦。"

班主任问:"你们是否听清楚了彼此的心理感受?"

徒弟和师傅异口同声地回答:"听清楚了。"

班主任问:"徒弟现在能理解师傅当时的心情吗?"

徒弟:"能。我的确没有认真听课。"

班主任问:"听了徒弟的心里话,师傅的感受是什么呢?"

师傅:"我的态度确实不好,也没有认真给他讲解。"

班主任笑着说:"你们的感受都源于当时没有顾及对方的感受。如果你们能相互理解,就能解决问题。"

(上海市三新学校 李玉燕老师)

师徒结对活动是一项广泛开展的学生互帮互助活动,开始时师徒双方的关系是比较好的,六、七、八年级还算平稳,但在九年级这个具体的时间段频发不愉快,双方满意度急剧降低。班主任通过班会这个平台,营造了"有话好好说"与"有话好好听"的公共话语氛围,让学生在交流与倾听中冰释前嫌。

忽略公共生活的应试教育不会帮助学生建立起积极的社会价值观和应有的公共品格。在班级生活中,班主任要让学生有话可说,有话明说,有话能说,有话敢说,有话好好说,要引导学生进行话语实践,让学生在说话中学会说话。学校中的话语实践是学生参与公共生活的根本渠道。教师要根据学校公共话语的基本载体,引导学生进行公共话语的实践,构建公共话语体系。公共话语体系主要由话语主体、话语区间、话语对象和媒介工具组成。① 每个载体中四个要素的运行,既是公共话语的实践,也建构了公共生活。

① （德）伊丽莎白·诺尔—诺依曼.沉默的螺旋［M］.董璐,译.北京:北京大学出版社,2013.

3　会议落实:从落而不实到落地务实

实践困惑

秋叶般的餐巾纸

"老师好,你们教室的地板上有三张用过的餐巾纸,扣3分。"星期二中午来检查卫生的大队干部彬彬有礼地对班主任王老师说完这些话,便开始熟练地在班级常规检查用的平板电脑上点击记录。

什么?又扣3分!王老师皱起了眉头。五分钟前她刚刚要求学生把教室整理干净,特意叮嘱学生不要乱丢餐巾纸……这时,手机响了,王老师打开"晓黑板"应用软件,三张餐巾纸的照片很是刺眼。王老师根据照片走过去查看,三张皱巴巴的餐巾纸犹如秋叶散落在课桌底下。

王老师立刻叫停学生的所有行动,命令全班安静坐正。她生气地责问:"这些餐巾纸是谁扔的?从一年级到二年级,我在班会上强调过多少次了,餐巾纸还管不好吗?"学生面面相觑,有三位学生说地上的餐巾纸不是他们的,也不是他们扔的。王老师仔细比对了一下,餐巾纸上机器压制的纹路确实不一样。

地上的餐巾纸怎么会反复出现呢?由此引发的班级卫生问题又该如何解决呢?在案例中,从一年级到二年级,班主任在班会上多次强调,学生为什么还是无法达到要求?使用餐巾纸是再平常不过的生活小事,却变成了班级日常行为管理的一道难题。

概念辨析

班级会议落实是指在班级会议中形成班级公共事务处理的共识,并在班级会议后的班级公共生活中具体实行,在实行过程中进行检查、反馈、督促和再实行,直至落实班级会议的内容。

若要班级会议落实,我们认为至少需要关注四大要素:(1)关注班级议事的规则,在正式议事前要让学生了解开会的程序以及相应的要求,即学习如何开会的知识;(2)关注指向问题的班规,为解决班级公共事务中存在的问题而制定公约等,体现依法治班;(3)关注配套的行动方案,即班级会议不仅要在议事的基础形成相关决议,更要制定可执行的班级行动方案;(4)关注检查反馈和评价,即在班级公共生活的实践中,负责检查的学生要把定时定期检查的结果反馈给全班学生,其他学生可以进行补充,直至问题解决。

🔔 **理性思考**

从案例来看,皱巴巴的餐巾纸不会凭空而来,怎么会神使鬼差般落在教室的地板上?日常行为规范训练是小学低年级的重中之重,薄薄的餐巾纸怎么就难住班主任了呢?我们认为,问题出在会议及其落实上。

1. 不议而决

"我在班会上强调过多少次了"这句话以及案例中的其他信息透露出,在班级会议上,班主任只是着重发布了个人的决定,并没有组织学生商议讨论。班主任是唯一的决策者,学生是被动的服从者,这样的会议内容怎么能成功执行呢?迫于班主任的权威,学生前期可能会遵守规定,后期就原形毕露了,说不定还会变本加厉。

2. 议而不决

即使班级会议中有商议,如果不指向问题的解决,而是一直在寻找原因,或互相推诿,或指责对方……也很难形成决议,即使有一点与决议相关的内容,也是语焉不详,难以落地施行。有的班级会议准备不充分,会前既不告知也不提示,开会时学生才知道会议的内容,进而用很长的时间去了解和分析问题,看似讨论得热热闹闹,其实难以聚焦问题的实质,等到需要决议的时候,班级会议也到了结束的时间。

3. 决而难行

"有议有决"只是解决问题的第一步,有经验的班主任都深知具体行动的重要性。如果班级会议只是简单表决,没有具体的实行方案,没有落实到责任人,也就没有了实行的可能性。班级公共事务涉及全体学生,如果解决问题时分工不明确,合作没方法,班级就像一盘散沙,无法形成凝聚力。解决问题本来有难度,班级决策又让人难实行,难上加难的后果是会议落实更难行。

4. 行而不果

有了解决问题的具体实行方案并在班级公共生活中执行,如果执行过程中不加以指导、检查和督促,也没有阶段性总结和终结性评价的话,中小学生执行的成效也会大打折扣,这就是所谓的行而不果。行动的开始大张旗鼓,中间的过程放任自流,最后的结果没有总结,虎头蛇尾的行动也就只能无果而终。行而不果不仅会直接影响某个问题的解决成效,还会间接影响班级其他方面的发展。

操作策略

基于班级中类似案例的实践困惑及其可能原因的分析,我们认为,这既是老问题挑战,也是新教育契机,更是班主任专业能力增长和提升的突破口。亡羊补牢,为时未晚,思路决定出路。

1. 会前:广而告之,先行思之

班级公共生活中的教育问题有难易之分、轻重之别、大小之辨,如果某些问题涉及较多学生,短期内又难以解决,更容易出现反复,则必须以班级会议来引导学生集思广益。

一是广而告之。在开会讨论前,请部分学生讲述有关问题的情况以及自己内心的想法,如有必要,也可以请家长讲述情况和表达希望,班主任要面向班级介绍问题的总体情况,同时梳理和概括清楚问题。因为中小学生的年龄较小,让他们陈述问题情况还可以,但要他们把握问题的重心有困难。

二是先行思之。对于班级问题中的疑难杂症,班主任不要急于抛出自己的观点,而是应该先把问题抛给学生,先让学生去思考解决之道,也可以让学生去请教家长,然后在下一次会议上集中讨论。学生是当事人,是解决问题的主体,班主任千万不能越俎代庖。

2. 会中:会而有议,议而有决

教会学生开会是班级公共生活走向民主管理的必要途径之一,开会的过程是最好的演示,学生参与其中,也就能在开会中学会开会。

一是会而有议。既然是会议,必然要组织学生议事。根据会前的布置,首先要公布本次会议的主题、议题或话题,其次要说明议事规则,然后进入议事程序。无论采用什么议事规则,议事过程中都必须要有三大环节,即先请学生表达对班级事务相关问题的看法,接着商议解决办法,最后举手表决相关决议。

二是议而有决。判断班级会议的成功与否,关键是看会议最终有无相关的民主决策。经常召开班级会议的班主任深知开会过程中把控的不易,如果过于放开的话,容易出现开"无轨电车"的现象,不是"偏题跑题"了,就是乱哄哄一场而毫无结果;如果过于严肃的话,学生又不敢说话了,议事也就无从谈起。因此,班主任在班级会议进程中要善于调动会议气氛,鼓励学生发言,帮助学生概括发言的要点,及时总结并征求学生的意见,自然引向下一环节的讨论,会议中间或结束前组织学生以举手或投票等形式进行表决。

3. 会后:导之以行,持之以恒

如何让会议中提出的实行方案落地?这是会议落实的重中之重,也是任务最为艰巨的部分。如何避免落而不实的局面?会议结束后,班主任需要根据新情况和新问题导之以行,师生一起坚持落实方案,直至问题妥善解决。

一是导之以行。会议中提出的实行方案中已经包含了相应的引导,班主任千万不要以为就可以高枕无忧了。实践的困难在于班级具体生活情境的千变万化,有些学生又不知如何应变,容易出现衍生问题。我们认为,导之以行需要切实做好四点:(1)手把手具体指导学生如何做;(2)选取榜样示范教导全班学生;(3)个别辅导有发展困难的学生;(4)倡导学生相互提醒和帮助。

二是持之以恒。班主任要带领全班学生一起攻坚克难,不达目的决不罢休。有些小问题之所以成为大难题,背后肯定隐藏着目前尚未发现的阻碍因素。许多实践经验告诉我们,"一抓就灵"只是初期效应,后续还要"反复抓、抓反复",某些问题的解决需要师生一起持之以恒地采取行动,一边付诸实施,一边跟踪评估,一边积累经验,一边积极应对,警惕半途而废、功亏一篑。

落地餐巾纸消失记

小学一年级教室的地上经常能发现用过的餐巾纸。批评只是暂时有效,生气也没用,班主任决定再开一次主题班会。

1. 会前通报情况并布置思考任务

放学前,班主任说:"怎么做才能让用过的餐巾纸不乱飞呢?大家一起想想办法,想想自己是怎么用餐巾纸的,也可以去问问爸爸妈妈,在明天的午会上讨论。"

2. 会中组织讨论并制定实行方案

第二天的午会上,先交流看法,再探究原因,接着讨论方法……

"小明同学做得很好,他准备了一个小袋子,把用过的餐巾纸放进去,这样餐巾纸就不会乱飞了。"

"一下课,大家就把用过的餐巾纸扔到垃圾桶里去,不要偷懒。"

"一下课，大家先检查自己的抽屉和脚下，看看有没有垃圾。"

"放学的时候，每个人把桌子里的东西拿走，不留一样东西，才可以出门排队回家。"

"每个小组选一个检查的人，给乱扔餐巾纸的人扣分……"

……

"刚才同学们发表了很多好的建议，我们进行举手表决。"班主任数了数，高兴地说，"全班同意，让我们用掌声表示通过！"

"下课了，请大家先检查一下自己的桌子，把餐巾纸和其他东西整理好，站正身体就表示整理好了。"班主任接着说，"下课后请大家先去扔垃圾。"

3. 会后立即采取行动并每天检查反馈

第二天，志愿检查者说捡到了掉在地上的两支笔、三块橡皮和两把尺，在黑板一角给表现好的小组加上星星；第四天的午会上，志愿检查者汇报说没有发现垃圾，班主任表扬了全班，鼓励大家再接再厉；第二个星期，班级获得了卫生流动红旗；第三个星期，班级又获得了卫生流动红旗，同时还获得了每月一评的行为规范示范班的荣誉。

班主任郑重宣布："在大家的共同努力下，餐巾纸乱飞的问题完美解决了，其他方面也有进步。"教室里响起了热烈的掌声。

在案例中，用过的餐巾纸在教室中经常落地的现象困扰着班主任，秋季正是感冒的流行季节，季节的特殊性使学生用餐巾纸擦鼻涕的次数成倍增加，以前的方法不再灵验，大会小会的决定就是不能落地。班主任平复情绪，静心思考，决定以这次检查扣分为契机，再开一次主题班会，发动全班学生破解"落而不思"的难题。

从会议的整个过程来看，会前通报情况并布置思考任务，会中组织讨论并制定实行方案，会后立即采取行动并每天检查反馈，每一步都具有可操作性，而且步步紧扣。从会议的具体环节来看，班主任围绕会议议题"怎么做才能让用过的餐巾纸不乱飞"设计了五个讨论步骤，即谈感受、找原因、想办法、定方案、设检查。从会议的讨论情况来看，虽然是二年级的学生，但是，有思考的发言就有质量，有交流的氛围就有活力，有互动就有主意。从会议的落实情况来看，不仅用过的餐巾纸乱飞的难题得以解决，而且学生还养成了整理物品的习惯，更重要的是带动了班级的整体发展。

为什么会取得这样好的效果呢？我们认为案例中的班主任抓住机会"小题大做"，很好地应用了班级生活变革的顺变策略和单变策略，顺势把现实问题转变成教育机会，集中全班学生的力量，找到了班级建设难题的突破口，在多米诺骨牌效应的作用下，班级建设的各方面都有所提升。

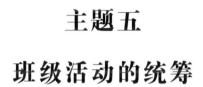

主题五

班级活动的统筹

生命在于运动，
教育在于活动。
班级动起来，
生命充满活力，
教育充满乐趣。
活动中育人，
达"润物无声"之境。

1 活动设计：从上级布置到以班情为本

实践困惑

开展活动让人头疼

说起开展活动，就让人感到头疼，每位班主任都有一本难念的经。

- 现在的教学任务这么重，根本没有时间开展活动。

- 领导布置的任务已经让我忙不过来了，根本没有精力去开展活动。

- 那位班主任的活动经验介绍确实很好，但他班级里的家长都有高学历、高素质、高职位，社会资源多，而且愿意配合，我们班级……

- 我们班级里还没发现特别有才艺的学生。

- 领导只布置一个活动主题，具体做什么，怎么做，都要班主任自己想。

……

从案例中的描述来看，班主任说的都是实情。身兼学科育人和建班育人两大重任，班主任如何兼顾？如何合二为一？这确实需要好好思量。许多资深班主任认为，活动设计的思路应从上级布置转变为以班情为本。

概念辨析

所谓班情，即班级实际情况，是指学生的基本信息、班级的发展状态、班主任和学科教师的情况等。学生的基本信息包括年龄特点、身心健康情况、家庭生活背景、学习和品行情况等。班级的发展状态包括日常行为规范、学风和班风、精神面貌等。

班情为本是指班主任要根据相关教育文件、教育主题和上级布置等，结合班级实际情况进行班本活动的设计。

了解与熟悉班情是班主任工作的首要前提，分析与归纳班情是班主任工作的逻辑起点，结合与顺应班情是班级建设工作的必要依据。

理性思考

开展活动既是建班育人的重点工作之一，也是对班主任专业能力和智慧的考验。

1. 以活动点亮班级生活

活动最受中小学生欢迎和喜爱,因为他们天性好动。从实践来看,经常开展活动的班级最是朝气蓬勃,无论是学习还是行为规范方面,进步和上升趋势都比较明显,班级的凝聚力和归属感也比较强;活动不多或马马虎虎走过场的班级缺乏活力,各方面的积极性不足;活动较少的班级常出现各种问题、冲突和矛盾,班主任忙于四处"救火"。

活动育人是中小学德育工作的重要实施途径之一,《中小学德育工作指南》中明确指出:"要精心设计、组织开展主题明确、内容丰富、形式多样、吸引力强的教育活动,以鲜明正确的价值导向引导学生,以积极向上的力量激励学生,促进学生形成良好的思想品德和行为习惯。"[①]

2. 以班情为本设计活动

上级布置相关主题教育活动任务,对活动主题、活动目标、活动内容等进行总体指导,与此同时,也往往会提出一项要求——根据班级情况创造性开展主题活动,也就是说,具体开展什么活动需要班主任去设想。上级布置的活动任务的最终落脚点在班级,班主任要基于班情来设计活动。

其实,班级活动不必被动等待上级布置,一些有经验的班主任在开学前已有了初步的安排,因为教育部的相关文件早已明确指示,如《中小学德育工作指南》中明确指出理想信念教育、社会主义核心价值观教育、中华优秀传统文化教育、生态文明教育、心理健康教育五大德育内容。在平时的工作和培训中,班主任不仅要学习理论和提升素养,也要注意学习相关文件,领会教育精神。

以班情为本设计活动,是指班主任要基于本班目前的建设情况,以解决学生发展问题及满足学生发展需要为目标,听取相关任课教师的想法和意见,发动本班学生一起进行头脑风暴,有计划地设置班级活动。其实,我们不必过于追求班级活动主题立意的"高、大、全"。如果活动实施难度高,活动内容脱离学生的实际需求,活动目标难以达成,反而会降低活动的吸引力和实效性。

3. 以引导为主开展活动

以班情为本设计活动,不是要求班主任必须事无巨细地包揽一切,而是需要

---

① 中华人民共和国教育部.教育部关于印发《中小学德育工作指南》的通知[EB/OL].[2017 - 8 - 22] [2023 - 6 - 13].http://www.moe.gov.cn/srcsite/A06/s3325/201709/t20170904_313128.html.

班主任想方设法引导全班学生一起来商量和讨论活动内容,这么操作也使活动设计成了活动的前奏和序曲,为活动的开展和延续奠定了扎实的基础。

　　班级活动不能搞"一言堂","家长制"作风虽然有节约时间和雷厉风行的好处,但其弊端也明显存在:学生理解不到位,教师的想法与学生的想法不一致,活动形式大于内容……随着年级的升高,敷衍了事的学生也有可能会增多,他们抱着"惹不起躲得起"的态度,以各种冠冕堂皇的理由置身事外,或委婉推脱,或迟缓拖拉……

　　习惯于"保姆式"做法的班主任常常抱怨开展班级活动很累,因为他们从活动主题的选择到活动内容的设计,再到活动过程的展开等,不仅考虑得滴水不漏,而且全程一手包办。这样做的话,减少了学生在活动中自主锻炼的机会,不利于学生自然融入集体活动,习惯等待分派任务的学生的参与热情逐渐降低,活动目的的达成也就无从谈起。

操作策略

对于班级活动设计这道难题,我们认为班主任在三方面可以有所作为。

1. 挖掘相关资源,设计专门活动

　　学生资源是指班级中学生的兴趣爱好、才艺特长、知识储备、好人好事等方面的个体资源和群体资源。

　　家长资源是指班级中学生家长的生活经验、兴趣爱好、专业知识、行业技术、社会阅历等方面的个体资源与和谐幸福的家庭资源,还包括与家长社会关系紧密相连的社区公共资源等。

　　教师资源是指班主任依据自身在教育知识、学科教学、兴趣爱好、年龄特点、阅历经验等方面的资源,发挥其优势从而进行班级激励教育,并且在此过程中形成自己的个性化带班风格。

　　这三类资源中有很多资源已经被开发利用,并且效果显著,如有的班级让会跳舞的学生教全班一起跳舞、请医生家长给班级传授卫生健康知识等。虽然班级资源利用的内容和形式已经很多了,但仍有巨大的可开发空间。

　　能挖掘到相关资源就能开展专门的活动,这样的活动有其特殊性,但我们并不是一定要追求"高、大、全"的活动。挖掘相关资源,这对于班主任的经验和智慧具有挑战性,我们推荐四个策略:(1)借鉴,即搜集众多挖掘班级教育资源的经验和成果;(2)尝试,即借鉴他人经验和自身经验开展专门活动;(3)变通,即在专门活动的班本实践中适时变通,变通程度越高,距离创新的距离就越近;(4)开发,即设计专门活动的新内容、新形式、新举措等,有时,看似普通的两项内容融合在一起却能迸发新创意和开创新局面。

2. 针对班级建设难题,设计专项活动

班级建设难题,也称"瓶颈问题",是指班级建设中有难度的重点问题。不同区域、学校、年级、班级的建设难题具有差异性,即使是共性难题,其背后的成因和表现也有差异性。如果不加以解决的话,学生发展和班级建设都会受到影响。

现实中,某些班级的建设难题对于其他班级来说是不存在的,从这个角度来分析,除了班级生源不同以外,某些班级建设难题的产生与班主任的教育理念、经验、方法、情感、态度、能力等因素密切相关。班主任专业能力是破解班级建设难题的关键,破解班级建设难题是班主任提升专业能力的一条有效途径,无数在建班育人过程中成长起来的优秀班主任就是最好的证明。

从时间维度来看,班级建设新难题有高考改革背景下高中"选课走班"的班级管理问题、网络教育问题、"二孩"引发的教育问题等;班级建设老难题有学校教育与家庭教育不一致、班级文化建设难以推进、班级凝聚力不强、学生学习动力不足等。

不同发展层次的班级建设难题的数量和难度不尽相同,我们认为,破解班级建设难题要讲究难点突围策略:一是"选一",即选择一个攻关难题,把难题立项成课题,班主任先要了解班级相关情况和搜集已有研究成果;二是"选点",即选择一个要攻关难题的突破点,发挥以点带面的积极效应;三是"选项",即选择一个要攻关难题突破点的专项活动,发动全班学生、教师和家长一起攻坚克难,深入持久地推进活动,直至破解难题。

3. 依据班级发展需求,设计专题活动

所谓班级发展需求,是指为了促进班级建设而产生的共性需求,包括班级目标的重新确定、班级规划的重新布局、班级管理的重新设置、班级活动的重新设计等。

班级建设不是一种静止状态,而是一种动态过程,是一个不断打破班级原有平衡的过程。打破原有的平衡,需要班主任具有足够的勇气。因为原有的平衡一旦被打破,就会出现不可预料的波动,甚至是混乱,这对班主任来说是一种考验。但是,如果一直试图维持班级原状,那么班集体就不会有发展。① 比如新建的班级,第一阶段"秩序与安全"达成之后,自然而然要进入第二阶段"交往与活动",如果因为担心纪律而要求学生只能静坐在座位上,不仅学生不满意,班级也会变得死气沉沉。

班情是开展班级激励的基础,班主任必须尊重班级的现实条件,准确把握和聚焦阻碍学生成长的问题,调动一切教育资源,从原有基础情况出发来谋划班级的发展。班级发展目标和要求定位过高或过低,都不利于学生的成长和班级的发展。③

以汽车来类比,专题活动犹如班级发展的引擎,有针对性的专题活动可以激发全班学生的成长动力。专题活动的开展策略如下:一是选题,即组织讨论和听取学生的意见,选择一个活动主题;二是破题,即在班级讨论和研讨中达成对活动主题的一致理解;三是解题,即全班学生在活动中不断行动,可以进行必要的调整和补充,满足共性需求,推动班级发展;四是结题,即通过全班分享参与活动的体验与感悟来进行班级总结。

用色彩与线条描绘班级生活

所谓用色彩与线条描绘班级生活,是指根据小学生喜爱画画的特点,引导全班学生用简笔画的方式画自己眼中的班级生活,即让学生以生动形象的艺术方式达成自我教育。

1. 缘起:一次班会的启示

有一次,班级里发生了一件不愉快的事情,生气的我把事情的过程用简笔画画在黑板上,还画了我难过的头像表情。

全班学生安安静静地看着我画……画完后,我还没说话,就有学生立刻举手。学生每说一个解决方法,我就画一幅图,修改一下我的表情图。学生的金点子越来越多,我的表情图也越来越开心。最后,全班学生一起鼓掌,说以后就这样上课。

后来,深受启发的我就尝试引导学生用色彩与线条描绘班级中的好人好事、同学之间的矛盾和问题……

---

①② 王卫明.开展以学生成长需求为本的班级建设[J].现代教学,2015(19).

2. 行动：自画班级生活

星期二早晨，我发现办公桌上放了一幅没有署名的画，画中线条生动，颜色饱和度高。这幅画（见图5-1）描绘的不正是星期一早晨发生的事情吗？

图5-1　学生的画

在星期一升旗仪式上，排在我们班级后面的一位初中女生突然晕倒，我急忙叫我们班几位高大的男生帮忙搀扶一下，可他们居然一动也不动……

我还没想好怎么办，教育素材就送上门来了！原来他们不是不想帮助，而是正值青春期的他们有所顾忌……上课铃声一响，我把学生的画放在投影仪上，说："请男生听听女生的心声，女生愿不愿意一起读一读啊？""愿意！"女生笑吟吟地齐声朗读。读完以后，女生都鼓掌了，有所领悟的男生惭愧不已……

（上海市闵行区金汇实验学校　汤军老师）

如何建设有特色的班级生活？本案例中的班主任汤军给了我们有益的启示。她本科就读期间学过美术教育，毕业后教小学数学并担任班主任，但从来没有上过美术课。通过无意间的一次尝试，她创造了"手绘班级生活"这一建班方式。我问她："没有美术功底的班主任能否像你这样做？"她说："让小学生用简笔画来描绘班级生活，顺应和满足了他们爱画画的兴趣。即使教师不布置，他们私下里也画个不停。儿童画是一种特殊的表达方式，任何班主任都可以用，不必担心自己和学生的绘画技巧不佳，越画越会画。"

从班级建设资源的角度来看，案例中的班主任利用小学生爱画画这一天性，无意间在班会上尝试后有所领悟,发挥自己的美术教育特长,把简笔画和班级生活建设融合起来,在不断实践中创造和完善了"手绘班级生活"这一建班方式,并获得了家长的支持与好评。

从班级建设难题的角度来看,案例中的五年级男生不主动帮助女生,不是不愿意乐于助人,而是受青春期的羞涩心理影响。班主任把学生有感而发的简笔画变成了一次极佳的教育契机,破解了一道班级教育难题。

从班级发展需求的角度来看,一成不变的班级生活是一潭死水,一天天长大的学生渴望用丰富而别致的班级活动来充实每一天,"手绘班级生活"的活动把小学生爱画画的特点与班级生活紧密相接并巧妙融合,促进了学生的自我教育。

2 活动计划:从零碎散落到班本序列

实践困惑

又到端午节

初夏的阳光和煦温暖,初夏的风热情洋溢……班主任王老师却愁眉不展,这个星期他太忙了,不仅要按照学校要求在班级组织端午节活动,还要上新教师教学研讨课。两件重要的事情重叠在一起,怎么办呢? 时间和精力有限,只好把去年的端午节活动方案再用一次,但要改一下活动的名称。

学生体谅班主任的辛苦,熟门熟路,积极配合,上传的班级活动照片中笑容灿烂,上交的活动体会经修改后文通字顺。有人说这个办法好,省时省事省力,上交活动材料也不用发愁;有学生说活动早点布置就好了,老师忙,我们来想办法,三个臭皮匠,顶个诸葛亮……

案例中王老师的紧张忙碌和应对之道,相信班主任都不陌生。有没有什么办法可以让班主任摆脱这样的窘境呢? 我们仔细分析一下,教师在一个学期中上研讨课的次数是有限的,但像端午节这样的活动是每年都要开展的,或许可以在开学之初就未雨绸缪。由此引出一个值得思考的问题:如何把常规性活动梳理成一个班本序列,即改变碎片化班级活动的无序状态,从而使班级活动忙中有序?

概念辨析

序列在词典中的意思是按次序排好的行列。①

所谓班本序列,是指班级活动序列,根据上级教育精神、班级实际情况和学生成长需求等教育要求,将与班级活动相关的时间、人员、主题等因素按照一定的逻辑排列次序,形成具有符合班级特点的活动序列。

建立班级活动序列具有计划科学、条理清晰、管理有序三大优点。班级活动序列是对一学期或一学年的班级活动的通盘筹划,便于班级活动有序规划、组织和开展。

建立班级活动序列,需要班主任在班级生活中善于应用统筹方法,把班级工

---

① 中国社会科学院语言研究所词典编辑室.现代汉语词典(第7版)[M].北京:商务印书馆,2016.

作按照一定的秩序组织起来,使班级活动从零碎散落到班本序列。

🔔 **理性思考**

上述案例具有较强的代表性,身处班级活动困境的班主任不止王老师一人。对于如何摆脱困境,我们的观点如下。

1.用班级活动引领班主任专业成长

班级活动的功能主要包括以下几方面:(1)从学生发展角度来看,班级活动能更好地提升学生的主体性,促进学生的全面发展和个性化发展;(2)从班级发展角度来看,班级活动能推动班集体的发展,提高班级的凝聚力,提升班级的管理效果;(3)从教师发展角度来看,班级活动能引领教师成长,增强教师管理班级的能力,推动和谐师生关系的建立;(4)从和谐校园建设角度来看,班级活动有利于推动和谐校园的建设。[①]

用班级活动引领班主任专业成长有诸多益处:(1)开展班级活动有利于丰富班主任的专业知识,增强班主任对班级的管理能力[②];(2)开展班级活动有利于提升班主任的策划和资源整合能力[③];(3)开展班级活动有利于建立和谐的师生关系,有利于增进班主任对学生的了解,有利于班主任的成长和发展[④]。据我们所知,一线班主任大多认同这一观点。

从实践角度来分析,我们发现许多优秀的班主任都是开展班级活动的能手,在挖掘活动资源、设计活动内容、选择活动形式等方面有自己的绝技和绝活,并且都是从自己所带班级的实际情况出发,绝不敷衍了事、照搬照抄、生搬硬套。目前,众多专家和学者对此达成了共识,即建班育人的实践过程是班主任专业成长的有效途径之一。

2.养成整体思维的习惯

在心理学上,国外有学者提出了"整体性思维风格"这一概念。思维主体如果习惯于采用一种整体性的、主题式的方法进行思考,倾向于把问题视为一个整体,甚至在没有什么联系的观念之间寻找相互的联系,还能较多地运用举例、类比、联

---

① 余思亮.在小学班级活动中发挥学生主体性的行动研究[D].四川师范大学,2020.
② 徐峰.班级活动:师生成长的"重要平台"[J].江苏教育,2014(35).
③ 齐学红.班级活动课程开发的价值[J].江苏教育,2019(23).
④ 李宏亮.新班主任:在班级活动中成长[J].江苏教育,2017(79).

想等方法,善于进行全面的概括描述,就被称为具有整体性思维风格。①

在逻辑学中,整体思维是指思维主体在进行思维时,把思维对象看成具有一定结构的系统,并从系统整体与外在环境的相互联系以及系统内部各个要素相互关联的辩证角度来认识和把握对象的一种思维。②

从整体思维的角度来看,班级活动本身是一个由多个相互关联的主题活动组成的整体,班级活动本身从属于班级生活的整体,它不是作为一个整体孤立存在的。在建班育人的过程中,班主任要把那些看似零碎散落的主题活动有机地整合成一个班级活动序列,纳入班级生活建设的系统中。

💡 **操作策略**

班级活动序列有很多种编排方式,在此介绍三种常用的序列。

1. 列出主要节日的时间序列

《中小学德育工作指南》③在活动育人的实施途径中明确列出了需要开展各类教育活动的节日,主要包括中华传统节日、二十四节气、重大节庆日、重要纪念日、主题日。列出主要节日的时间序列时,也要把开展校园节(会)列入其中。

需要特别注意的是,中华传统节日和二十四节气是指农历日,而我国现在采用较多的是公历日,每年的农历日与公历日并不完全对应,所以,在把中华传统节日和二十四节气列入时间序列时需要查一下日历。

列出的主要节日的时间序列,可以多次使用,如班主任可以每年将备份存档的时间序列更新一次。也许有人会说,电子文档拷贝虽然快捷,但班主任的思路是不清晰的。班主任在整理主要节日的时间序列时,也应考虑节日活动的内容与形式等。

即使班主任是新教师,在列出主要节日的时间序列后,也就成了"先知先觉"的班主任,在学校布置相关活动任务前就可以先行预设,这样既不用临时抱佛脚,更不会手忙脚乱。

灿烂的 9 月

新学年的班主任会议一结束,新班主任小朱老师便愁容满面地向老班主任大

---

① 李云.整体性数学思维风格及其教学[D].山东师范大学,2007.
② 田智.高中数学教学中学生整体思维能力的培养[D].华中师范大学,2018.
③ 中华人民共和国教育部.教育部关于印发《中小学德育工作指南》的通知[EB/OL].[2017-8-22][2023-6-13].http://www.moe.gov.cn/srcsite/A06/s3325/201709/t20170904_313128.html.

李老师请教如何开展班级活动。大李老师打开一份电子文档,见表5-1。

表5-1 电子文档中的内容(部分)

9月3日	中国人民抗日战争胜利纪念日
9月7日	白露
9月10日	教师节
9月18日	"九一八事变"纪念日
9月20日	全国爱牙日
9月20日	公民道德宣传日
9月21日	国际和平日
9月22日	秋分
9月第三个星期六	全民国防教育日

"太好了!"小朱老师欢呼,"这么清晰的文档是从哪儿来的?"

"可以上网查呀!"大李老师说,"每个月都做个有心人,慢慢积累,一年下来,你就不用着急了。"

在李老师的启发下,小朱老师尝试制订了9月的班级活动计划表,班主任工作手册上也写得满满的。

(上海外国语大学松江外国语学校 葛慧老师)

在本案例中,把9月里主要节日的时间序列梳理清楚后,原本不知所措的小朱老师立刻豁然开朗。除文档中的日期外,其他活动和事务处理的时间也好安排了,班主任的工作也可以有条不紊地开展了。

2. 安排主题教育的内容序列

所谓安排主题教育的内容序列,一是指把各类主题教育联合起来形成大序列;二是指连续性设计同一主题教育的相关活动,使其形成小序列。小序列又分为两类:第一类是前后递进的竖向序列,比如一年级到五年级会设计不同的中秋节活动;第二类是平行开展的横向序列,比如一年之中会开展道路交通、防电防火、暑期游泳等方面的安全教育活动。

《中小学德育工作指南》①在实践育人的实施途径中明确要求"开展各类主题

---

① 中华人民共和国教育部.教育部关于印发《中小学德育工作指南》的通知[EB/OL].[2017-8-22][2023-6-13].http://www.moe.gov.cn/srcsite/A06/s3325/201709/t20170904_313128.html.

实践",包括中华优秀传统文化教育、革命传统教育、法治教育、文化艺术教育、科普教育、国防教育、环境保护教育、安全教育、健康教育、劳动教育、志愿服务活动以及关爱老人、孤儿、残疾人教育。

主题实践教育活动可以与主要节日的活动综合起来开展,两者之间本来就有紧密的内在联系。主题教育活动可以在相应的节日进行,主题与日期完美结合,如健康教育与爱耳日、爱眼日活动的统一;主要节日的活动主题非常鲜明,比如在国庆节活动中融合着爱国主义教育,如果节日活动的内容年年雷同,很难吸引中小学生参与。班主任应年年更新活动内容。

把主要节日的时间序列与主题教育的内容序列整合起来,能够节约班主任的时间,让班主任把更多精力用于精心设计班级活动。当然,主要节日的时间序列与主题教育的内容序列也可以分开考虑,其优点在于能够丰富班级生活,但要根据各班的具体情况来定,比如,正好时间充裕、班主任能力强、班级发展阶段高、学生成长需求层次高的班级可以尝试。

时间序列与主题教育的整合(大序列)

在班级活动主要节日的时间序列右侧,新班主任小朱老师又增加了一列,填入相应的主题教育类别,见表5-2。

表5-2 更新后的电子文档内容(部分)

9月3日	中国人民抗日战争胜利纪念日	革命传统教育、国防教育
9月7日	白露	二十四节气
9月10日	教师节	尊师重教、感恩教育
9月18日	"九一八事变"纪念日	革命传统教育
9月20日	全国爱牙日	健康教育
9月20日	公民道德宣传日	道德教育、法治教育
9月21日	国际和平日	和平教育
9月22日	秋分	二十四节气
9月第三个星期六	全民国防教育日	国防教育

端午节活动(小序列)

大李老师对小朱老师说:"我现在所带的班级,是我从一年级带到五年级的。同一主题教育活动,每个年级的活动内容都不相同,我对活动内容进行了系列化设计(见表5-3)。"

表 5-3　系列化设计的活动内容

农历 五月初五	端午节（国家法定节假日，中国首个入选世界非物质文化遗产的节日）	中华优秀传统文化教育	一年级：观看动画与视频 二年级：模拟包粽子活动 三年级：交流端午节风俗 四年级：制作端午节书签 五年级：召开端午节班会

（上海外国语大学松江外国语学校　葛慧老师）

所以，班主任要提前进行系列设计，做好规划，让每个端午节活动都向前一步，满足学生的成长需要。

3. 编排主持负责的学生序列

所谓编排主持负责的学生序列，是指在学期初或活动前，请学生主动承担一些班级常规活动与特色活动的设计工作，按时间顺序编排好主持负责的学生名单。

编排的程序如下：(1)班主任讲解主要节日的时间序列与主题教育的内容序列；(2)请学生根据自己的喜好和活动资源等情况进行申报；(3)班主任根据学生申报情况进行调整，统筹安排；(4)申报的学生邀请伙伴或家长组建设计小组；(5)每月的月初在午会或班会上商议相关的活动设计，班主任指导并把关；(6)全班根据通过的活动设计方案开展活动。

有学生说："班级活动都由班主任一个人说了算，有些活动很没劲，我们的意见不被重视、不被采纳，我们都是围观者。"学生的话语透露了不少信息：希望班主任倾听他们的想法，希望班主任以他们喜欢的方式开展活动，希望班主任融入他们喜欢的活动内容，希望自己成为活动的小主人……学生的声音逐渐微弱的时候，也是班级活力逐渐黯淡的时候。

有的班主任一边抱怨班级活动难以开展，一边把班级活动的主动权牢牢掌控在自己手里，被要求、被参与的班级活动怎么能很好地发挥育人功能呢？另外，班主任的经验和精力是有限的，班级学生的需求是多样的，把班级活动的主动权还给学生，会收获别样的精彩。

编排主持负责的学生序列，并不是说班主任从此可以推卸班级活动设计和开展的责任了，班主任仍然要指导和把关，完善活动的设计，这对于班主任专业能力的要求更高，对班主任组织能力的考验更大。

班主任可以积极引导学生参与小组合作、项目选择、内容确定、方案设计、行动实施、总结评价等班级活动，以此来发挥学生的主体作用。班主任要保证不遗漏任何一位学生,保证每位学生都有公平参与的机会,发挥学生的主观能动性,培养学生的参与能力、活动能力、组织能力等。

节气讲解员榜单

"万物出乎震,震为雷,故曰惊蛰。今天是二十四节气中的惊蛰,春雷一声平地起,唤醒万物天下春。下面请小红同学为大家诵读有关惊蛰的诗歌,大家掌声欢迎。"小明同学将自己制作的幻灯片切换到了下一页。

"同学们好!我分享的是……"小红同学一边诵读,一边从座位走向讲台……

这是午会上的一幕,"惊蛰"小组的两位节气讲解员配合非常默契。原来,为了传承中华优秀传统文化,班级开展了有关二十四节气的学生讲座活动,学生两人一组,一组负责一个节气,脱稿进行演讲。四时有序,万物有时,根据今年各节气的具体日期,班主任排出了讲解员榜单,全班学生都领取了任务,积极查找相关节气的资料,撰写演讲稿,制作幻灯片,课前排练,一到时间就上场。

(上海市松江区仓桥学校　范洪老师)

黑板报双组制

班级黑板报是主题教育的一个重要组成部分,也是体现班级形象的一个重要窗口。班主任发现黑板报小组工作拖沓,版面设计缺乏新意,有的学生想加入却没位置,大家意见不少……

针对这个情况,班主任在征求学生的意见后,决定成立两个黑板报小组,一个正选,一个候补,每期黑板报完成后两组互换并进行比赛,两个月后由全班结合学校评分和其他情况进行综合评价。黑板报小组产生步骤如下:(1)发布小组成员岗位及其职责;(2)学生自由组合;(3)各组合的小组成员进行上岗演说;(4)全班投票表决。

双组制实施了两个月,黑板报的质量提高了,小组成员的工作效率也大大提升了,更多的学生成为其中活跃的一员。班主任用手机拍下每次的黑板报作品发送到家长群里,家长纷纷点赞,下载照片,珍藏孩子每一步的成长。

(上海外国语大学松江外国语学校　葛慧老师)

"节气讲解员榜单"和"黑板报双组制"都是主持负责的学生序列的具体表现形式。班主任把班级活动的主动权还给学生,收获了别样的精彩。再比如,在举行常见的春秋两季校园运动会时,有经验的班主任会把全班分为运动员组和非运动员组,把非运动员组又分为纪律检查组、卫生后勤组、宣传文稿组、衣服管理组等,确保全班每位学生都有具体任务,每位学生都能有序参与。

3 活动参与:从指定分派到班级动员

实践困惑

照片还是照"骗"

按照上级要求,学校布置各班本周召开主题班会并上传会议照片。

一位班主任在教室的多媒体电视上打开幻灯片首页,写上本次班会的标题,然后笑盈盈地站在屏幕旁边,派一位同学拿着手机,站在教室多个角度拍了若干张照片。班主任又用三言两语把班会主题介绍了一下。不到5分钟,"班会"就结束了。班主任快速挑选了3张"活动"照片发到工作群里,剩下的时间,便进行试卷讲评……

除了主题班会,学校在科技节、艺术节、读书节、体育节中布置给各班选拔学生、推荐作品、组队参赛的任务,班主任往往会分派给几位能力较强的学生,只要确保本班有学生"参加"就行。

在数字时代,信息技术被要求应用于班级活动的"自我证明"——以活动现场照片为证,美其名曰"资料积累"。上有政策,下有对策,班主任熟练地指定某位学生担任摄影师,分派其他学生充当"群众演员"或"参赛选手",收齐资料立刻上传,充分"节约"时间,轰轰烈烈抓学习。

"指定分派"何时休?何时才能"班级总动员"?如何由"育分"转向"育人"?

概念辨析

《现代汉语词典》中把"参与"解释为加入某种组织或某种活动;参与提出(意见)。[1]

参与权是《儿童权利公约》中儿童的四项基本权利之一,即参与家庭、文化和社会生活的权利。儿童有参与社会生活的权利,有权对影响他们的一切事项发表自己的意见(表达权)。《儿童权利公约》第三十一条规定:缔约国确认儿童有权享有休息和闲暇,从事与儿童年龄相宜的游戏和娱乐活动,以及自由参加文化生活

---

① 中国社会科学院语言研究所词典编辑室.现代汉语词典(第7版)[M].北京:商务印书馆,2016.

和艺术活动;缔约国应尊重并促进儿童充分参加文化和艺术生活的权利,并应鼓励提供从事文化、艺术、娱乐和休闲活动的适当和均等的机会。《中华人民共和国未成年人保护法》第三条规定:国家保障未成年人的生存权、发展权、受保护权、参与权等权利。

儿童参与的概念源于儿童权利领域,指儿童有机会亲身参与到广泛的生活中,接触真实的自然界和社会生活,获得丰富而均衡的生活体验和教育实践,从而积累经验、发展能力、增强自信,有机会更好地表达意见,更为主动、全面地发展。① 儿童参与是儿童依法享有的受国际公约、各国宪法和法律保障的自由表达和自由参与家庭、文化、社会生活的权利。②

结合儿童参与的概念和相关理论,儿童参与的内容包含三方面:(1)就参与定义而言,儿童参与包括行为参与、情感参与和认知参与;(2)就参与标准而言,儿童参与包括真正参与和非真正参与;(3)就参与权利而言,儿童参与包括主动参与、被动参与和不参与。

理性思考

本节的实践困惑案例只是一个侧面,也许案例中的班主任还有其他安排,现就其中的两个问题进行分析。

1. 避免班级活动"走过场"

静止的照片只能说明班级活动中出现过这样的场景,不能反映班级活动的整个过程及其活动效果。学生没有真正参与到班级活动中,而是会逐渐成为班级活动的"边缘人"或"木偶人",这显然不是我们的本意。"摆拍"只显示了"表面参与",流于形式而已,学生没有"体验"的活动是不会有效果的。

班级活动最忌形式主义,因为班级活动承载着促进学生成长的重要功能,而要实现学生真正的成长,就要让学生有真切的体验。所有缺乏体验的说教,都是外在于学生主体的,都是消极空洞、苍白无力的。因此,班主任在设计和组织班级活动时,应自始至终重视学生的真实体验,兼顾体验的主体性、过程性和选择性,让体验成为活动的主角、灵魂和焦点。③

① 杨咏梅.儿童参与:家庭教育新指标[N].中国教育报,2018-1-28(3).
② 郑善礼.儿童参与权法律保护制度研究[D].中国海洋大学,2015.
③ 李竹平.体验:班级活动创造童年价值的必由之路[J].江苏教育,2019(47).

2.警惕"沉默的大多数"现象

从学生角度来看,本节的实践困惑案例只是冰山一角,有的学生对班级活动提不起兴趣;有的学生认为不参加班级活动不要紧;有的学生忙着完成作业而没时间参加班级活动……随着众多的"配合演出"顺利出镜,"沉默的大多数"也就出现了。

如果班主任抱有功利主义的工作观念,只想快速完成"工作任务",就会注重短时效率,在活动中难免会出现"沉默的大多数";如果班主任坚持"立德树人"的教育理念,始终将注意力放在学生成长上,关心学生在班级活动中的参与情况和收获,就会尽可能地减少"边缘人"的存在。因此,班主任既要了解学生立体的、多角度的现状,又要考虑此时此地的实际环境,还要权衡具体班级活动对于班级学生的成长价值。[①]

操作策略

1.营造全员参与氛围

所谓全员参与,是指在班级活动中每位学生都有具体的活动角色和任务。全员参与是评价班级活动的首要标准,通俗地讲就是班级活动"一个人也不能缺"。

班级活动是学生社会化和个性化发展的重要平台,班主任要遵循面向人人的集体活动原则,精心设计活动内容,引导学生参与班级活动。班主任还要坚持生命实践的教育立场,将学生的需要、兴趣、动机、特长置于核心地位,创造各种体验机会,为学生的个性化发展提供空间,培养并发掘学生的特长。

要实现全员参与,首先,班主任要进行全班总动员;其次,对于初期班级总体参与情况要查漏补缺。如果有特殊情况就要特殊处理,不仅班主任要出主意,更要动员学生想办法,这是难觅的增强班级凝聚力的教育契机。

请你扮演一棵会动的树

眼看着小组汇报演出的时间就要到了,但小丽所在的小组还在为"让不让小威参与演出"发愁。

有的组员说:小威是个多动的学生,到时控制不住自己,会影响演出效果。有的组员说:根据演出要求,全体组员都要出演,如果不让小威参与演出会影响小组

[①] 李竹平.当班级活动遇到"边缘人"[J].江苏教育,2019(31).

评分。大家都有自己的道理,这让组长小丽感到为难。

小丽寻求班主任的帮助,听完小丽的"诉苦",班主任说:"这不是难题,根据你们组的剧情,或许可以让小威演一棵大树。""可是,小威动个不停,能演好大树吗?"小丽还是有点疑惑。班主任哈哈大笑说:"这可难不倒我们,我们再来看看如何让这棵大树顺利出演。"

在班主任的启发下,小丽所在的小组改编了剧情,让这棵大树在剧中活动起来,顺利解决了难题。汇报演出结果出乎意料,小威这棵"会动的大树"得到了大家的一致好评:非常卖力、符合剧情的需要、能动能静……

"小威,你在演出中一会儿要踮着脚站,一会儿要半蹲着,还要斜着身子表演被风吹斜了,累吗?"班主任问道。

小威大声说:"有点累,但我很开心,因为我可以动呀!如果一直让我站着,我怕我会坚持不住。"

班主任紧接着问:"假如其他组员不让你参与演出呢?"

"以前的班级活动,大家就不让我参与。"小威小声说道。

对话就这样停了下来……

没过多久,小威开口了:"老师,谢谢您,谢谢同学们。今天我真的很开心,谢谢大家请我演了一棵会动的大树。"

(上海市松江区仓桥学校　金婉娟老师)

案例中的小威比较好动,难以静下来,或许其他组员根据以往的活动经验,对他参演不够放心。所以,当有学生提出不让小威参演的想法时,我们也要表示理解。可问题是,小威有参加班级活动的权力,班主任需要引导学生去尊重小威的权力。案例中班主任的做法值得借鉴,班主任根据小威的身心特点,为他量身定制了一个角色。这样既解决了小威参演的问题,也解决了小威好动的问题,同时扭转了小威的好动可能导致演出失败的结局。

我们再来看看小威的参演情感体验:从以往不让他参与到邀请他参与,从能参与到获得赞赏。之前的小威身在此班未必真的是此班的成员,而此次参演后,小威必定是此班的人了。同学的接纳,或许会让小威的多动情况有所好转,频率降低。当一个人有了归属感后,他就不再需要做出各种动作来吸引大家的注意力了。当学生有了自己的地位后,他才愿意去遵守班级的规则。小威的行为会越来越合乎班级规则,"真的很开心"的情感体验会让小威的参与度越来越高。

2. 互助解决参与困难

有的学生向班主任坦言："不是我不想参与活动,其实我是有苦衷的,只是不好意思说……"学生有一颗想要参与活动的心,却没有参与活动的勇气、能力、信心……这是不少学生在参与活动时面临的现实困难。

学生的参与困难涉及方方面面,班主任一个人很难应对,"所有问题都自己扛"的压力太大,也不符合教育的引导原则,班主任的"包办代替"还会弱化学生解决问题的能力,助长学生的依赖性。

有经验的班主任遇到学生有参与困难,即使自己有了解决办法也先不告诉学生,而是鼓励学生自己去思考,自己去寻求帮助,发动其他学生或全班一起进行头脑风暴;有些优秀的班主任还会有意识地制造参与困难,如采用不同的分组方式、故意分配个性化的困难任务、提高要求等,从而促进学生的合作与互助。

我们合作吧

学校的劳动教育活动正如火如荼地进行着,琪琪他们班在班主任的指导下,缝针技能越来越娴熟了。有的学生会利用废旧物品缝制漂亮的小包,有的学生会缝制栩栩如生的小花,有的学生会为小动物缝制合身的外衣。

根据学校德育活动的安排,琪琪他们班要开展缝针创意大赛。这不,琪琪和涵涵正在楼梯口商议此事。琪琪着急地说:"这次缝针创意大赛,琳琳被分到我们小组了,真让人发愁!""是呀! 别说是缝补了,她连鞋带都不会系! 我们怎么这么倒霉呢! 要不我们去和老师商量一下吧,让她帮我们换一个队友!"琪琪、涵涵急急忙忙去找班主任,请求老师将琳琳重新分组。

谁知,班主任神秘地说:"你们不知道,我可是给你们小组分了一块宝呢!"没办法,他们只好接受琳琳来到他们小组。

为了能在大赛中获胜,琪琪他们集思广益,5个人聚在一起用各种颜色的纽扣进行创作,而琳琳一个人在教室的角落里拼图。无意间,小队长发现琳琳拼的图案比其他人拼的图案好看,赶紧叫其他队友一起来看。其他队友对琳琳的图案(花)和色彩搭配赞不绝口。

"要不,我们合作吧! 琳琳虽然手不巧,可她的心思很巧妙呀。请她负责指导我们如何构图,我们来完成缝制。"

经过琳琳的色彩搭配指导,大家缝制出来的作品更漂亮了! 经过评比,琳琳他们小组合作完成的作品获得了第一名。

看着笑得合不拢口的琪琪,班主任问道:"我说的话没错吧! 琳琳是一块宝!"

"真是一块宝,谢谢老师的推荐,这块宝我们要定了! 谁也休想抢走她!"

(上海市嘉定区南苑小学 饶诗琪老师)

琪琪和涵涵看到琳琳不会自己系鞋带,担心她会影响小组的创意大赛结果,这完全可以理解。琳琳的手不巧,这是一个不争的事实,琪琪和涵涵的担心也是事出有因。像这样在参与活动过程中出现的问题,也是无法避免的,那么怎么办呢?

假如班主任强行让学生接受,或许之后又会出现更多的矛盾与问题。当下,学生迫于老师的情面接受了,但往往是口服心不服的,他们会等着新的问题出现,看老师怎么去解决,以此来证实他们原先的想法是正确的,是老师考虑问题不周全,这不是他们的问题,而是老师的问题。既然是老师引发的问题,他们当然寄希望于老师去解决。如此的话,学生参与活动的能动性会越来越低,甚至拒绝参与活动。

故事中的班主任非常有智慧,先告知琪琪他们:琳琳是一块宝。至于是什么宝,则让琪琪他们自己去发现。在此过程中,班主任其实培养了学生团队合作的意识。同时,学生也学会了妥协与互助,并在活动参与中增强了人际交往的能力。因此,在活动参与中遇到困难是正常现象,关键是班主任如何引导学生去解决问题。

3. 分步提高参与程度

儿童参与有程度高低之分,罗杰·哈特把儿童参与活动的程度分为 8 个阶段,并以阶梯类比,见图 5-2。4 至 8 阶段是儿童实质参与的阶段,其中,4 至 6 阶段的主导权在成人一侧,即活动本身由成人策划提出,或者可以说,成人使儿童参与到活动中去;到了 7 至 8 阶段,主导权则在儿童一侧。

需要指出的是,罗杰·哈特并没有试图用阶梯级别的高低来划定优劣。事实上,多个阶段可能在同一个活动中并存,儿童参与的程度也可能会随着活动的开展而变化。更重要的是,并不是所有的活动都要以达到最高级别的参与为目的,而应当根据参与该活动的儿童本身能力的成熟度,制订与之相匹配的活动计划。[①]

---

① 陆贝旎.哈特阶梯理论观照下的社区儿童参与探究——以宁波市海曙区华兴社区"青少年协会"为例[J].浙江青年专修学院学报,2014,29(3).

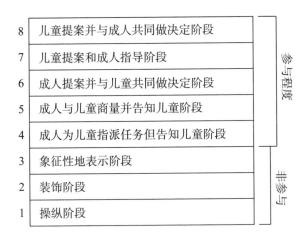

8	儿童提案并与成人共同做决定阶段	参与程度
7	儿童提案和成人指导阶段	
6	成人提案并与儿童共同做决定阶段	
5	成人与儿童商量并告知儿童阶段	
4	成人为儿童指派任务但告知儿童阶段	
3	象征性地表示阶段	非参与
2	装饰阶段	
1	操纵阶段	

图 5－2　儿童参与的阶梯

如何提高学生的活动参与程度值得班主任认真思考。我们的观点是引导学生在参与过程中学会参与。班主任可以按照儿童参与的阶梯，逐步吸引学生参与班级活动，让学生在活动参与中提高参与程度。

能否请外援

"老师，我们要做游戏！"

班主任刚刚说完下周要开展庆"六一"活动，请大家讨论具体活动内容，教室里就炸开了锅，掌声、笑声响个不停。接着，学生开始各抒己见。突然，有学生提议要做游戏。

"行呀，请说说增加游戏活动的理由和做什么游戏。"在班主任的引导下，学生纷纷表达自己的想法：有人说自己没有什么才艺，有人说几年来的庆祝活动基本都是表演，有人说整个活动比较沉闷……

"老师，我们能否请外援？"学生又提出一个问题。然后，大家围绕着这个问题开展讨论。有学生说，可以增加"踩气球"的游戏，他们会吹气球但不会扎口，气球容易漏气。有学生提议请人在活动过程中为大家拍照等，这样所有学生都可以参与游戏了。紧接着，讨论的话题转为请谁来当外援，怎么去请，如果想请的人不能来该怎么办。

经过前期精心的准备，庆"六一"活动高潮不断，特别是"踩气球"的游戏，让学生、老师与家长外援们乐翻了天。细心的外援们把活动中精彩的一幕幕拍照上传至家长群里，让不能参与的家长了解活动情况。

许多家长在群里留言：虽然不能前来参加活动，但感受到了孩子们的快乐；谢谢老师与志愿者的付出，让孩子们过了一个难忘的节日；虽然只看到了孩子的背影，但我相信她很开心……

最让班主任意想不到的是，活动结束前学生向家长外援们深深鞠躬表示感谢，惹得外援们差一点掉下眼泪来。

（上海市松江区仓桥学校　金婉娟老师）

对照儿童参与的阶梯，本案例中学生的参与程度在 5 至 8 阶段，见表 5-4。

表 5-4　学生参与程度

	儿童参与的阶梯	案例中的学生参与程度
8	儿童提案并与成人共同做决定阶段	有学生提议请外援，班主任和其他学生都赞成，并商量相关事宜
7	儿童提案和成人指导阶段	有学生提议做游戏，班主任同意，并一起思考做什么游戏
6	成人提案并与儿童共同做决定阶段	班主任请学生讨论庆"六一"活动内容，全班学生愉快地提建议
5	成人与儿童商量并告知儿童阶段	班主任说下周要开展庆"六一"活动

学生提出增加游戏项目、请外援等建议，这极好地体现了学生参与活动的自主权，也就是说，他们从认知上积极参与了。然后，班主任放手让学生讨论，让他们自行准备活动、邀请外援等，这实质上是在指导学生如何在行为上参与活动。这样的活动，是学生自己想要开展的，体现了学生的意愿，是真正的活动。同时我们看到，学生在考虑活动内容时，具有"人人参与"的公平意识，把"一个也不能少"的教育要求落到了实处。

这次庆"六一"活动的实施过程主要包括以下几方面：（1）发布活动信息；（2）讨论活动内容与形式；（3）分头准备与预演；（4）开展庆祝活动；（5）搜集活动反馈信息。班主任没有遗漏任何一个环节，分步推进活动实施。我们应该清晰地认识到，在活动推进过程中让学生自己去体验，想办法解决困难，积累经验，这样的活动才是真的活动。

4. 集体分享参与体验

班级活动什么时候才算结束，这个问题值得深思。从实践情况来看，往往缺少最后的活动总结，或者活动总结三言两语。

班级活动由谁来总结呢？大多是班主任总结,缺少了班级活动主体——学生的声音。

班级活动怎样总结呢？往往要求班主任上交总结报告,要求学生上交活动体验。为了完成总结报告,班主任煞费苦心;为了完成活动体验,学生绞尽脑汁。与其如此为难,还不如进行一场活动体验的集体分享,这样更真实有效。

班级活动是学生的一种生命体验活动,在这一过程中知识、能力和价值观有机统一,能够使学生了解个人与他人、集体、社会之间的复杂关系,并在实践活动中践行所掌握的道德规范,体验丰富的精神生活。如果班级活动中有丰富的体验环节和心理环境,就可以唤醒学生的生命感和价值感,使其在交往互动的活动中走向社会化,逐渐认同社会规范,发展社会情感,锻炼社交能力,同时发现和认识自我,实现个性化发展。[①]

这样的参与行吗

"走呀,到教室里去看看我们义卖的战果!"学生立刻收拾好义卖现场,举着义卖宣传牌浩浩荡荡回到了教室里。在班长的宣告声中,大家欢呼起来,纷纷庆祝自己班级战果不错。

"活动结束了吗?"班主任的问题让大家静下声来。

"别的班级可能结束了,咱们班还没结束呢!"小杰的调侃声又惹得大家笑起来。

"好,既然咱们班还有个老规矩,那么开始吧!"班主任笑笑说。

什么老规矩呢？就是活动后的反馈总结。有学生表扬了举牌同学,虽然小黑板不怎么重,但举的时间久了手也会酸,可几位举牌的同学轮流举着,谁也没有抱怨。有学生接着说,举牌同学不仅认真完成自己的任务,还不停吆喝,值得点赞。有学生说,自己一开始不敢大声喊,可看到很多人挤在旁边班级的摊位前,就大胆招呼他们来自己的摊位看看……

"老师,我要表扬小丽同学,别看她平时不活跃,可当我们最后几样物品卖不出去的时候,她拿着物品到处兜售。"小欣激动地说道。

随后,在班主任的提议下,大家采访了小丽。小丽说,她看到其他班级的学生在拿着物品到处兜售,就学他们的样子去试试,没想到真的卖出去了。还有学生

---

① 李江,赵佩.班级活动的理解探究[J].开封教育学院学报,2014(2).

讲述了自己去买东西时的复杂体验，觉得学会了讨价还价。

"最后，还有一件事要征询大家的意见。小浩同学忘记了捐物品，刚才在义卖的过程中，他把买东西的钱省了下来，想把这钱捐出来，算作是我们义卖的。"一开始，很多学生觉得小浩没执行班级活动，不让他以捐钱来参与活动。小浩对自己没捐物品的行为进行了反思，同时恳请大家同意他的这种做法，好让他的内疚感少一点。通过再次讨论，大家想明白了：捐物义卖是为了帮助生活困难的同学，那么小浩捐钱也能达到这个目的，只是他没有捐物品违反了活动规则。大家在同意小浩捐钱的同时，也指出了小浩的问题，提醒他下次不能违反活动规则。

（上海市松江区仓桥学校　金婉娟老师）

对于内向的小丽主动去兜售的参与方式，大家都觉得非常认可。通过一次义卖，小丽不仅成功卖出了物品，更重要的是锻炼了自身的胆量。活动后的反馈，让小丽感受到了来自伙伴的鼓励，也使其他学生看到了别人的努力。这样，活动反馈的意义就凸显了。对于小浩同学的捐钱请求，大家从一开始的气愤，到慢慢理解，再到最后的接纳，这对小浩同学与大家来说都有着积极的意义。

我们看到，班主任在整个活动反馈中，没有把自己的想法强加给学生，而是耐心引导学生去透过问题看本质。这样的引导使得学生有机会去表述，有机会去思辨，更有机会去共情。这样的引导让学生真实地感受到他们是活动的主角，他们有着足够的活动自主权。这样的活动反馈更容易让学生学会总结经验，寻找不足，及时改进。

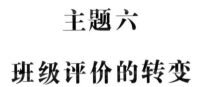

主题六

班级评价的转变

评价是灯塔上的光束，
穿透现在的迷茫，
指引成长的方向。
好评价成就学生，
坏评价毁掉学生。
学生还没有长大，
请不要匆忙下结论。
学生还是一块块璞玉，
需要时间来精心雕琢。

1 奖励问题:从发奖评优到指引方向

实践困惑

为什么不评我

"气死我了,气死我了!"上小学五年级的儿子一回到家就大发雷霆。"怎么啦? 有话好好说,别发火。"爸爸连忙安慰。

"我没有评到'阳光少年'。想想看,我为班级做了多少事:足球比赛,我一个人进了三个球,我们班级才获得第一名;演讲比赛,班主任最终派我出马,为班级赢得金牌;平时,我在班级里也没少出力气……最气人的是,评到'阳光少年'的那个家伙竟然说'拉票成功'!"爸爸也不知怎么对儿子说了。

公开课结束后要换奖品

公开课结束了,张老师回到办公室,身后还跟着五六位学生。

一位学生盯着张老师放奖品的塑料篮子,眼馋地说:"老师,我要换个奖品。"张老师说:"你得的是一等奖的奖品,那是三等奖的奖品,不能换。"这位学生羡慕地说:"下次,我要得三等奖……"一位学生很期待地问:"张老师,下节课还有奖品吗?"

"你们怎么这么烦? 上课身体坐正有奖品,积极发言有大奖,这些都发给你们了,怎么又盯着要奖品? 没有请到发言也要奖品,没有答对也要奖品,发了奖品又要换一个……"张老师生气了,几位学生被"吓"走了。

"最起码,课上好了,领导表扬了。"旁边的老师劝慰说,"有奖品好办事,这节课学生听话守纪律,讨论热闹,领导很满意。"

张老师摇摇头,无奈地苦笑。

自认为能评到"阳光少年"的学生却没有评到,他的心情还会"阳光"吗? 获得荣誉的永远是少数学生,大多数学生永远可望而不可即。获得一等奖的学生却想要三等奖的奖品,张老师被奖品问题烦透了。更有甚者,无论什么活动或事情,学生都要先问一句"发奖品吗"……

评荣誉和发奖品,能够对多少学生的成长产生积极的导向作用?

概念辨析

国内外的很多研究者从不同的角度出发对奖励的概念进行了多元化的解释，有广义层面的解释、心理学领域的概括、教育学领域的界定等。在教育学领域中，对奖励概念的界定可归结为两种。

1. 奖励是一种评价方式

《心理学大词典》[①]认为：奖励是对学生取得的优秀学业成绩以及做出的良好行为进行的一种肯定性评价，这种肯定性评价可以使学生获得精神层面的满足感与愉悦感，让学生变得积极上进，奖励的形式多种多样，包括表扬、奖品、奖状等。该词典对奖励概念的解释着重强调了奖励对学生学业成绩和良好行为的鼓励作用，也提出了奖励的具体形式，既有精神奖励也有物质奖励，比较贴近本书中提到的奖励的概念。《班主任工作全书》[②]认为：奖励是一种对个人或者集体做出的一切良好思想品德行为的公开的、肯定的评价，其初衷是使个人或者集体继续保持或发扬他们的优良行为。该书从班主任的角度出发，将奖励看作管理班级与学生的一种手段，并且是对学生思想品德方面的评价，为班主任实施奖励提供了一定的理论指导，但是对奖励的概念界定范围比较窄，只关注到奖励在德育方面的评价作用，忽略了奖励在其他方面的评价作用。

2. 奖励是一种德育方法

《实用教育大词典》[③]认为：奖励是一种肯定学生优良思想行为并促使学生继续保持与发扬这种优良思想行为的德育方法，既可以奖励个人，也可以奖励集体，其具体方式有赞许、表扬和奖赏等。该词典从教育管理的角度出发，认为奖励是一种德育方法，并点出了奖励的具体形式，既有精神方面的奖励，也有物质方面的奖励，但这种解释没有考虑到奖励在其他方面的作用，奖励不仅在德育方面有一定的效果，在智育、体育、美育等方面也有一定的激励作用。《教育大辞典》[④]将奖励的概念解释为：对个人或集体正确、良好的思想行为给予肯定或表扬。该辞典对奖励概念的解释偏重于奖励对思想行为的作用，同时关注到了个体奖励与集体

---

① 朱智贤.心理学大词典[M].北京：北京师范大学出版社,1991.
② 王宝祥,等.班主任工作全书[M].北京：专利文献出版社,1997.
③ 王焕勋.实用教育大词典[M].北京：北京师范大学出版社,1995.
④ 顾明远.教育大辞典[M].上海：上海教育出版社,1998.

奖励,但也只强调了奖励在德育方面的作用而忽略了奖励对于其他方面的促进作用。

本书中所说的奖励,是指在建班育人过程中,从班级生活中的多个方面给予个体和集体多种形式的肯定与赞赏,使中小学生获得班级归属感和满足感,从而引导中小学生和班集体积极向好发展。

🔔 **理性思考**

从实践困惑来看,关于奖励,以下两方面需要广大班主任引起重视。

1. 奖励具有两面性

从奖励的正效应来看,奖励在教育领域中是被广大教育者广泛使用的手段和方法,其作用也被广大教育者所认同。奖励在激发中小学生的学习动机、提升教育教学效果、树立班级先进榜样、规范班级课堂管理秩序等方面产生了积极的影响。

从奖励的负效应来看,主要包括两方面。一是在学习心理方面,学生会对奖励产生依赖性,如果没有奖励,就会出现学习兴趣和热情降低;学习注意力转移、分散;学习动机失调和偏离,只为奖励而努力……二是在社会性发展方面,有的学生因为经常无法获得奖励而感到自卑与无助;学生之间因争夺奖励而形成竞争关系,导致同学关系紧张、疏远;自我评价与他人评价的标准会受奖励的影响而产生偏差;有的学生为了得到老师的奖励会出现欺骗造假行为;影响学生对金钱的价值观,滋生拜金主义;形成有偿的劳动观,将学习看作一种可以交换奖励的方法;导致学生缺乏责任感、集体感、同情心,产生以自我为中心、骄傲自负的情绪……

2. 班主任对奖励的运用能力有待提高

奖励不是教育的灵丹妙药,关于奖励的相关问题需要广大班主任进行思考和研究:奖励的标准和具体要求是什么? 在建班育人过程中应采用什么样的奖励策略和方式? 奖励是否公平? 奖励过程中会出现哪些实际问题? 如何更加科学地运用奖励策略,最大限度地发挥奖励的作用?

基于奖励的两面性,班主任既要关注奖励在建班育人过程中产生的正面影响,又要注意规避因奖励应用不当而产生的负面影响。教育实践具有复杂性,如何把握好奖励的两面性,如何科学合理地运用奖励,需要班主任在班级建设实践中进行具体问题具体研究。

操作策略

有关奖励的经验总结和论文较多,本节着重探讨建班育人过程中关于奖励的四个核心问题。

1. 评价标准:把达标作为衡量尺度

班级评价要有一个统一的标准,否则会造成班级混乱。所谓达标,是指达到事先设置的高于学生现有发展水平的奖励标准就可以获得相应的奖励。

要知道,奖励标准比奖励本身更重要。奖励负效应发生的重要原因之一就是奖励标准不明确,既包括教育者对于奖励标准设置的不明确,也包括中小学生对于奖励标准认知的不明确,不同的评价标准会导致不同的评价结果。奖励标志着班主任对于学生成长的肯定,体现了班级评价的导向,如果班主任运用不当,原本可以发挥激励作用的奖励可能会变成破坏班级组织的诱因。从这个意义上说,对奖励标准的准确把握可以体现班主任的专业素养。

奖励是一把"双刃剑",运用不当会对学生的成长产生消极的影响。从奖励的性质角度来看,建议少设置竞争性奖励,多设置达标性奖励,也就是说:极少数优秀学生通过竞争才能获得的奖励应少一些,大部分学生只要达到了自己应该达到的标准就能获得的奖励应多一些。

手拉手章

争章目标:手拉手,我们都是好朋友。

达标要求:(1)寻找1至2名身边或远方的"手拉手"小伙伴;(2)给"手拉手"小伙伴写一封交友信,合作完成一张友情卡;(3)搜集3条你最喜欢的名言,送给"手拉手"小伙伴;(4)学会运用1至2种互助、交往方法。

超标加星要求:能高质量完成达标要求,加一颗星;选择完成1至2项超标任务,每完成一项加一颗星。超标任务如下:(1)尽己所能,为身边或远方的"手拉手"小伙伴解决一个实际问题;(2)制作一本赠言集或相册,或为即将毕业的3位以上的小伙伴写几句祝福语、提一点建议、送几张照片;(3)能在中队、小队活动中展示"手拉手结友情"的书信或照片。

争章指南:

(1)认识新朋友,涉及渠道和方法两方面。

渠道:通过队组织介绍或从书籍、报纸、杂志上了解并结交一位远方的"手拉手"小伙伴;在身边寻找一位志趣相投的小伙伴,互帮互助结友谊;到友谊中队结交一位新朋友。

方法:面对面交谈一次;一起做件事或参加一次活动;互赠照片,并在友情卡上写出自己的姓名、性别、生日、爱好、血型等个人资料。

(2)喜欢新朋友,包括发现并真诚赞赏新朋友的优点与特长,经常与新朋友保持联系,在节日或生日时向新朋友送上问候。

(3)帮助新朋友,尽己所能,帮助新朋友解决遇到的困难,也可送一本书、捐赠物品等。[1]

一般来说,班主任同时兼少先队中队辅导员。上述案例中手拉手章的"达标要求"具体清晰,"争章指南"操作性非常强,值得借鉴和推广。

2.评奖内容:涵盖班级生活的全部内容

从建班育人的角度来看,班级生活的每一方面都很重要,班主任要重视学生的全面发展,因而评价内容要涵盖班级生活的全部内容,实现全员、全程、全方位育人。

评奖内容要涵盖班级生活的全部内容,对于班级管理来说确实是一个难题,最难的是统计。以前,班级量化管理难以施行的原因是手工记录和统计耗时耗力,效果也不佳;现在,迅猛发展的互联网解决了班级量化管理的技术难题,出现了很多班级管理应用软件。

以班级管理应用软件班级优化大师为例,班主任利用该应用软件可以组建线上班级,根据学生特点和班级发展情况设置涵盖班级生活全部内容的评奖项目,输入每天的各项原始数据后,班级管理应用软件就可以形成班级生活的大数据库。

为什么扣分了

早晨第一节课前,班主任王老师请各科课代表统计回家作业上交情况,然后用班级优化大师应用软件输入积分。收到每一科目作业的学生加1分,表示"表扬";未收到每一科目作业的学生减1分,表示"待改进"。

刚过1分钟,王老师的微信上就收到了一位家长发来的信息。

[1] 中国少年先锋队上海市工作委员会,上海市教育委员会教学研究室.中国少年雏鹰行动争章手册(五年级)[M].上海:上海文艺出版社,2012.

家长：昨天的回家作业，我家孩子全部完成了，是我亲自检查的。为什么数学作业这一项扣了1分？

王老师：请你有空的时候去看一下家里的书桌，还有书桌的下面……

5分钟后，王老师的微信上又收到了这位家长发来的信息。

家长：王老师，数学本子找到了，落在书桌与墙的夹缝里。唉，这孩子丢三落四的坏毛病总是改不掉。

王老师：你不要着急。开学半个月，孩子只忘记了这一次，比上学期有进步！

从本案例来看，班主任在早晨第一节课前就把所有学科作业的上交情况统计清楚并反馈给了家长，解决了家庭和班级信息不对称这一传统难题，同时也减轻了其他任课教师的负担。或许，班级生活的变革可以走技术路线。

3. 评比对象：建议以小组(小队)为单位

之所以建议以小组(小队)为单位进行评比，是因为在实践中，绝大多数班级以个体奖励为主，而个体奖励容易造成竞争和单干。

班级结构有三种形态。一是竞争式结构，学生的成就活动会相互排斥，因为个体达成目标的机会因其他有能力的学生的存在而减少。个体把超过别人作为目标，每个人都被迫处于"社会比较"的情境中。二是单干式结构，这是一种松散型的班级结构模式，优点是可以避免个人被强制处于社会比较的忧虑，缺点是不利于班集体的形成，不利于儿童协作精神的培养。中小学生尚未形成稳定的个人目标，单干式结构易使个体迷失方向，意志松懈。三是合作式结构，只有群体取得成功，个人才能获得荣誉，个体达成目标的机会因其他人的存在而增加，这种成就的高相关性会让学生形成积极互动的良好的同伴关系，使互助成为一种内在的普遍形式，让学生共同进步，对于违反集体规则者，集体会给予压力和约定俗成的惩罚。同时，这一结构并不排斥竞争，不过这种竞争是群体间的竞争，竞争的结果与群体内的合作和个人的努力有关，巧妙地将竞争、合作、单干三个因子融为一体。这一结构并不是完美的，但从目前的情况来看，按班级教育管理效益最大化的要求，合作式结构无疑是一种最佳的选择。[①]

一次假日小队活动

星期日下午，在社区篮球场，小明同学接到传球后，一个漂亮的转身投球，篮

---

① 吴瑞祥.合作式班级结构及STAD组织策略之浅析[J].天津市教科院学报,2002(5).

球便稳稳地飞进了篮筐。"三分球,中了!"同队的小伙伴激动地大喊,小明向他亮出了"V"字手势……

比赛结束,小伙伴纷纷赞扬小明。小明感激地说:"谢谢你们陪我玩,这次假日小队活动安排打篮球,真好!"

后来,小明一直积极参加小队活动,老师和家长都说小明变得开朗了,小队也获得了"优秀小队"的荣誉。

许多优秀的班主任在建班育人中都以小组(小队)为单位对学生进行评比。这种评比以合作为载体,以群体间的竞争为动力机制,能够让极少数不求进取者融入同辈群体,使得人人需要小组,小组需要人人。

4. 评选依据:从多个视角发现学生的成长事实

在丰富多彩的班级生活中,班主任的视角及其所见是有限的。因此,班主任不能局限于自己的视角,而是要善于从其他渠道获取信息,从多个视角发现学生的成长事实。

(1) 其他教师的发现

其他教师的"正能量"发现可以很好地弥补班主任视角的有限性,班主任要善于倾听和捕捉相关的学生成长信息,在表扬学生时做到言之有据,同时积极引导其他学生。

全校表扬

今天,全校的"红领巾广播"又在表扬我们班级。

原来,在昨天放学的时候,一位女生走出教学楼,发现很多贴纸散落在校园的大道上,她就一张张捡起这些贴纸,一直捡到大门外,刚好被晚下班的校领导发现了,便在全校对她进行表扬。

这位成绩落后、发展平平的女生一下子成了大家追逐的"明星",班级小记者主动采访她,很多学生把这一幕写在周记中。班级的正向舆论多了,这位女生也更努力了,上课专心了,交作业自觉了,朋友多了,整个人的精神面貌焕然一新。这位女生的家长也得到了其他家长的"追捧",对班级活动更加上心。

(上海市松江区洞泾学校　计丽老师)

从本案例来看,一次不经意的发现,一次全校表扬,对一个孩子的成长具有重要的作用。来自于本班以外的教师的表扬往往更有说服力。

（2）同班同学的发现

同班同学相处的时间比较多，最熟悉学生的人莫过于同班同学，有些情况学生知道，班主任却未必知道。随着中小学生年龄的增长，教师和家长的影响力下降，同伴的影响力上升，学生更在意来自同伴的评价。

我要表扬王同学

二年级第二学期的一次午会，议题是"9月第一周班级事务大汇总"。

在午会的"表扬时间"，有一位女生说："今天，我要表扬王同学，他比以前好多了，这个星期他没有打过我。"（注：由于年龄关系，部分小学生把不良的肢体接触和手势动作示意都称为"打"。）

"是吗？太好了！"班主任觉得很新奇。这个王同学从上一年级开始就"打遍全班无敌手"，班主任天天接到学生的投诉，家长在微信群里也吵过好几次……

这位女生话音刚落，有几位学生纷纷点头，王同学的脸变得红红的。此后，大家对王同学的投诉次数越来越少：10月，6次；11月，3次；12月，1次；新一年的1月，0次。

从本案例来看，班主任和家长教育了王同学三个学期却收效甚微，而来自同学的一次表扬却产生了奇效。班级教育不能只谈问题，本案例的亮点是班主任在午会中设置了"表扬时间"，正向引导学生去发现同学的成长事实。

（3）家长亲友的发现

家长和孩子生活在同一个屋檐下，按常理来说，最熟悉孩子的人应该是家长，但有时候孩子却是家长"最熟悉的陌生人"。中小学生"如春起之苗，不见其增，日有所长"，发现孩子的成长事实，看似简单，实则不易。班主任要积极引导家长去发现孩子的成长事实。

请家长说说孩子最近的进步

晚上8点，班主任与几位学生的家长组建了一个微信群，沟通起了学生的情况。

班主任：现在请各位家长说一说自己孩子在这学期有哪些进步。请大家好好想一想，这是一次对家长的考验哦！

何爸爸：好像没看到孩子有什么进步，毛病倒是不少。

班主任：何爸爸，这次我们不谈问题，只谈进步。

王妈妈:我家孩子这学期放学回来会主动做作业,基本不用催了。

王爸爸:上四年级的时候,我家孩子回家作业做到晚上 10:30 是常有的事,这学期基本没有这种情况。

何爸爸:仔细想一想,孩子确实有进步,做作业的自觉性比以前高了,不用家长盯了;独立性比以前好了,一直要求独立上学;责任感比以前强了,我们嘱咐的事基本能做好,还能帮我们分担带小宝的责任。

金妈妈:周末休息,我家孩子总是先做作业再玩耍,自觉性提高了很多。周末,孩子偶尔会约同学出去走走,交际能力提高了。现在,孩子还会主动和小区里认识的叔叔阿姨打招呼,整个人开朗了许多。

班主任:金妈妈,你家孩子丢三落四的问题也几乎消失了。

金妈妈:对,一切都在朝好的方向发展。

王妈妈:我家孩子平时不太玩手机和电脑,如果要玩,会先跟我说,然后设置闹钟,到时间了,会还给我。她多数时间都和妹妹在家做游戏。

朱爸爸:我家孩子改掉了懒惰的毛病,做作业比以前积极了,忘带回家作业的毛病也改掉了……乱放东西的毛病还没有改。

班主任:请各位家长把在微信群说的内容找机会也对孩子说一遍,只谈进步,不谈问题,谢谢大家!

从本案例来看,班主任的引导改变了家长"高标准、严要求"的教育想法,拓宽了家长发现孩子进步和优势的视角。有学生反馈"爸爸妈妈更懂我了",有家长反馈"看孩子越来越顺眼"。

2　成绩问题：从注重分数到激发努力

实践困惑

这次考试排第几名

"请您签名！"孩子把一张试卷递到家长面前。

"怎么会扣掉这么多分数？"孩子低下了头。

"这次考试，你排第几名啊？"孩子闭上嘴唇。

"你们班级的最高分是多少？"孩子哑口无言。

"一问三不知，我没有脸签名……"家长有些生气。

"我努力了，比以前有进步……"孩子见家长不肯签名，连忙说道。

"你说什么？你还有理由了？"家长发怒了。

这样提问的家长不在少数，第一问指向错误，第二问指向排序，第三问指向比较。面对这样的问题，有几个孩子能坦然而自信地回答呢？或许只有一种孩子能回答这三问：满分，第一名，最高分，其前提还必须是考试难度没有超越孩子的学习能力。

其实，"努力了，比以前有进步"这句话应该是作为教育者的家长对孩子说的，可是，很多以分数论英雄的家长不仅看不见成绩进步背后孩子付出的努力，还用这三个问题毁掉了孩子的自尊和自信。

概念辨析

成长是指长大、长成成人，泛指事物走向成熟、摆脱稚嫩的过程。简而言之，成长就是自身变得更好、更强、更成熟的一种变化过程。[1] 成长有发展的意思，但比发展又多了一层含义，成长既包括生理方面的成熟，又包括心理层面和精神层面的提升。

努力是指把力量尽量使出来，即尽力、勉力。所谓努力，在本书中是指学生在保持身心状况良好的情况下，尽可能把自己的精力投入到学习中，从而获得更好的发展。当然，努力并不是要求学生缩短甚至剥夺必要的休息、锻炼或者其他时

---

[1]　田雪.初中生科学态度测量及其与学业成就的相关研究[D].广西师范大学,2012.

间来学习。

所谓努力管理,是指学习者为了达成学习目标,对于自身努力因素(如动机、意志、信念、内省等)的激发、实施、维系与调控过程。① 有学者认为,努力管理是指学习者要尽可能地把学习结果归因于努力,学会调整心境、自我谈话、坚持不懈、自我强化等。② 努力管理是自我管理的重要组成部分,也是学习策略的重要组成部分。

努力管理策略是指学习者为了达成学习目标而尽力把自己的精力投入到学习活动中,使学习活动高效、有序地进行。③ 有学者认为,努力管理策略包括归因于努力、调整心境、自我谈话、坚持不懈、自我强化等内容,但这种分类不利于人们科学理解该策略。依据努力管理策略在学习中发挥作用的不同,可以将其分为发挥维持作用的意志控制策略、发挥促进作用的自我强化策略两类。④意志控制策略包括认知控制、情绪控制、动机控制、环境控制。

🔔 **理性思考**

"以分数论英雄"的现象在今后一段时间内还将继续存在,班主任要警惕这种现象在班级和家长中的弥散及其不良后果。

1. 自我设阻对成长的影响

有人说"世上没有过不去的坎",如果说在生活中遇见了一道过不去的坎,那一定是自己给自己设下的。如考试前,有的学生会故意不认真复习,有的学生会说自己胃疼,有的学生会说笔记和复习资料找不到了……考试后,学生解释说"我贪玩了""我身体不太好""我复习时间太少,其他活动太多了"……心理学家将这些行为和表现称为自我设阻。自我设阻是指个体故意给自己的成功设置障碍。这是一种带有目的性的、自我保护的控制归因策略,一般发生在行为之前或与行为同时发生,个体自我设阻往往是为了给可能的失败多找一个借口,从而分散他人对自己能力的关注。⑤

按照自我价值理论的观点,个体行为的基本动机是维护自我价值和自我形

---

① 邱娟,钟志贤.论努力管理的定义与构成要素[J].江西广播电视大学学报,2011(3).
② 董艳.网络学习中资源管理策略的文献研究[J].现代远距离教育,2009(2).
③④ 寇冬泉,黄技.努力管理学习策略的内涵及其培养[J].广西师范学院学报(哲学社会科学版),2009(3).
⑤ 章志光,金盛华.社会心理学[M].北京:人民教育出版社,2008.

象,而学习成绩是很多人评价学生的重要标准,因此,学习成绩与自我价值在很大程度上联系在一起。学生应该努力学习,抓住一切成功的机会,但是如果他们认真做事后,结果还是失败,而失败意味着低能,低能又与消极的自我价值联系在一起,个体就会怀疑自己的能力,贬低自己的价值,他人也容易对其有较低的评价,所以个体才会选择自我设阻这种反常规的方法来保护自己。即使这种策略会使他们放弃成功的机会,他们还是会采用这种策略来进行自我保护。[①]

自我设阻的策略给成功设置了障碍,是以牺牲成功的机会为代价的。虽然它可能会暂时地保护学生的自我价值,但是长期使用就会对学生的学业成就、人际关系、归因、认知等产生负面的影响。

2. 提升学生努力管理的水平

一是发挥学生的主体作用。班主任要创设良好的班级生活环境,满足学生的成长需要,激发学生的求知欲,充分发挥学生学习的主动性,使学生主动参与班级生活和学习活动。班主任要引导学生自由探索、互助合作、自我调控,变被动学习为主动学习。

二是引导学生正确归因。班主任要充分利用午会、主题班会和心理辅导活动等,帮助学生学会正确归因。面对失败和困难,学生要相信自己加大努力程度便会获得进步,不把责任全部归于外部原因,而是积极地寻找解决问题的办法。

三是提高学生的自我效能感。这主要涉及三方面:(1)不断积累成功经验,学生在班级生活中成功完成某些任务时就会对自己的能力更加有信心,从而能够更加积极地评估自己取得的结果,进而积极地采取行动;(2)学习替代经验,学生要主动观察同学的行为表现、尝试承担某些任务、学习相关知识、与同学和老师交流,从中获取相应的经验,然后逐步提高自己的信心;(3)听取老师或同学对于困惑的建议、解释等,通过他们的支持和自己的努力克服遇到的困难,从而消除对学习的担心和恐惧心理。

💡 **操作策略**

不以分数论成败,当以努力求进步。班主任在建班育人过程中要始终引导全班学生进行努力管理,积跬步以至千里。

---

① 张倩.初中生自我设阻与自尊、努力信念的关系[D].河北大学,2010.

1. 推介班级的努力榜样

榜样的力量是无穷的,不同的榜样能够发挥不同的导向作用,选择榜样其实是在考验班主任的教育智慧。首先,不能只停留在榜样的成功层面,更要挖掘榜样背后的成功因素,这样,榜样的正面影响才会最大化。其次,最好多推荐班级中的学生榜样,聚焦学生榜样某方面的进步,便于学生观察、参照和模仿。

为什么会有这么大的进步

写字课上,既是班主任又教语文学科的王老师投影了一页写字作业。"哇,真漂亮!"有的学生不由自主地称赞。王老师又投影了一页写字作业。"唉,真难看!"有的学生不由自主地感叹。

王老师问:"请大家猜猜,这是谁写的字?"学生左看右瞧,连班级里的写字高手都轻轻摇头。

王老师问:"请小森同学猜猜这是谁写的字。"小森同学瞪大眼睛仔细看,还是没有头绪。王老师同时亮出了两本作业本的封面。"都是小森的。"眼尖的学生揭晓了答案。王老师又说:"左侧的是小森同学上学期的作业本,右侧的是小森同学本学期的作业本。"有学生说:"哦,怪不得我们猜不出来。"

王老师问:"小森同学,你写字为什么会有这么大的进步呢? 你是怎么想、怎么做的?"小森同学腼腆地说:"我也想把字写好,这学期我不再贪快了,也不开小差了,下笔前先观察,觉得不好的字就擦掉重写,交作业有点晚……"

王老师问:"各位同学,你们从小森同学的介绍中发现了什么成功秘诀?"有学生说:"他会把不好的字擦掉重写,很用心。"有学生说:"他写字时不开小差,学会专心了。"有学生说:"虽然他交作业有点晚,但是慢工出细活,他的态度很端正……"有学生说:"他有写好字的想法,也是这样去行动的。"

王老师问:"你们还发现小森同学在哪些方面有了进步。"有学生说:"数学老师表扬他计算题一直全对。"有学生说:"英语老师表扬他连续几次单词默写都是满分。"

王老师说:"明天的班会,请大家推荐一下班级的努力榜样,并准备好发言。"

在本案例中,王老师以写字进步的小森同学为例,用问题一步一步引导全班学生去发现小森同学写字进步背后的努力因素,不仅表扬了该同学,而且巧妙地推介了班级的努力榜样,并由此面面触及,层层深入。

2. 引导纵向激励性评价

之所以提倡纵向激励性评价,是因为横向比较往往会打击孩子的信心。常言道,"人比人,气死人""没有比较,就没有伤害""中国的孩子都有一个天敌,叫'别人家的孩子'"……

所谓纵向激励性评价,是指把学生以前的行为表现和能力水平等作为基准,引导学生自己与自己比,将"今天的我"与"昨天的我"相比较,发现自己因努力而取得的进步,从而进行自我肯定,激发积极情绪,提升自信;同时,引导其他学生将"现在的他"与"以前的他"相比较,肯定他因努力而取得的成绩。

当学生遇到失败时,班主任不要简单指责,而应引导学生客观分析、正确寻找原因并采取相应的对策,让学生明白失败中可能存在成功的因素。

我又进步了

放学时,王老师看见做完值日工作的小强同学耷拉着脑袋,慢吞吞地走出教室,一副闷闷不乐的样子。

王老师问:"小强,你怎么啦? 你身体不舒服吗?"

小强低着头说:"我今天的测验成绩不太好,爸爸妈妈又要骂我了……"

王老师又问:"与前两次的测验成绩相比,你是进步了还是退步了?"

小强回答:"进步了,这一次的成绩比第一次高了 15 分。"

王老师说:"这三次测验的成绩说明了什么呀?"

小强脱口而出:"我有进步,有很大的进步!"

王老师说:"回家后,你对爸爸妈妈说的第一句话是'我又进步了'。"

小强想了想,露出了笑容,说:"哦,我明白了。"

在本案例中,王老师引导情绪低落的小强与以前的自己相比较,小强发现自己的进步后情绪有所好转。"比上不足"的心态往往会使学生看不到自己努力的结果,从而掉进自卑的漩涡;而"比下有余"的心态会使有些学生高估自己,得过且过,不思进取。个体间的横向比较会导致处在上升阶段的学生不能正确看待自己,而纵向比较容易让学生发现自己的进步以及努力的方向。

3. 增强自信的内部语言

众所周知,自信对于学生的成长具有重要作用,所以教育者都非常重视培养学生的自信。有关自信培养的经验总结和研究成果很多,班主任可以通过多种途径获取。

最常见的策略与方法是,教育者尝试通过表扬和鼓励帮助学生增强信心,事实上也取得了一定的教育效果。其实还有一种方法,教育者可以引导学生进行自我表扬和自我鼓励,增强自信的内部语言,即运用努力管理策略中可以发挥促进作用的自我强化策略。

除主题班会外,班主任也可以去尝试开展心理团体辅导活动,或与心理专职教师进行合作,根据自己班级学生的努力情况设计有关自信培养的系列心理辅导班本课程。增强自信的内部语言,需要学习、积累和内化,班主任可以让学生摘录名言、格言、谚语等,也可以开展赠送格言、撰写自我激励格言等活动,最终目的是让学生将其内化成自己的语言,从中汲取自我激励的力量。

一是自我表扬。当自己取得进步和成绩的时候,对自己说"我要奖励自己一块巧克力""我成了自己学习的主人""我创造了属于自己的奇迹"……

二是自我鼓励。当自己取得进步和成绩的时候,对自己说"我要做更好的自己""我还有提高的空间"……当自己遭遇困难和挫折的时候,对自己说"真好,又给了我一次战胜它的机会""不为失败找理由,要为成功找方法"……

三是自我提醒。当自己遇到有难度的问题或事情的时候,对自己说"我很棒,我能做好这件事""幸福是奋斗出来的""我能想出办法来克服这个困难""我要集中自己的能量,攻克眼前的难题"……

QQ 签名的个性化设计

QQ 签名是一个"心灵窗口",学生在 QQ 上的签名是最富有个性的、自由的、坦诚的自我表达,因而是他们最真实的心声。请看摘录的部分 QQ 签名:

- 我在你心里如此卑微。
- 那燃烧着的星光中没有属于我们的回忆。
- 喝再多的水也弥补不了你让我流走的泪水。
- 有时会望着天花板发呆,是想要寻找属于我的答案。
- 消沉的生活只是过往的寂寞,回首的瞬间才发现一切如此不堪。

从以上 QQ 签名中,不难看到学生的心理自画像:自卑、懦弱、犹疑、孤僻、害怕责任、不思进取、不敢拼搏……正如"跳蚤实验"中的跳蚤,最可悲之处就在于,跳跃的能力并没有丧失,但即使玻璃罩不存在了,也只能跳到玻璃罩笼罩下的高度。玻璃罩已经罩在了跳蚤的潜意识里,罩在了跳蚤的心灵上,跳蚤的行动欲望和潜能就这样被自己扼杀! 心理学家把这种现象称为自我设限,又称自我设障。

处在自我设限中的学生,既对失败惶恐不安,又对失败习以为常,最明显的表现就是得过且过、随波逐流。在生命成长的早期,最大的障碍其实是自己的心结。处在自我设限中的学生犹如大海中迷航的小舟,班主任作为中小学生的人生导师,理应适时走进学生的心海为其导航。

笔者在班级中开展了设计 QQ 个性化签名的活动,以下是摘录的部分学生的 QQ 个性化签名。

- 我走得很慢,但我决不倒退着走。
- 有的时候受伤也是一种进步,它反而能让你成长。
- 失败是成功的铺路石。
- 能与不能,行与不行,努力后才知道,不必过早下结论。
- 感谢挫折,为它能使你知道自己有哪些不足。
- 人的天赋只是火花,要想使它变成熊熊火焰,只有通过学习这条路径。
- 成功与失败只是一念之差,你能拥有的武器是自信和勇气。
- 没有做不到,只有想不到,只要努力就行。
- 人能勇敢前进,是因为他努力过。

全班学生的 QQ 个性化签名一直处在变化中,唯一不变的是学生面对困境和问题时,学会了用积极的语言来勉励自己。

4. 开展自我挑战活动

所谓自我挑战活动,是指以解决学生成长中的问题为途径来推动学生能力增长、心智成熟的班级教育活动。学生心理和精神上的成长是建立在不断超越自我、提升自我和完善自我基础上的,由此不难明白,学生成长中的最大挑战就是自我挑战。学生成长中的一个普遍问题就是"知行不一、知高于行、行而不佳",达成"知行合一"需要一个缓慢而长期的过程。自我挑战可以提升学生的抗逆力。班主任要引导学生直面成长过程中的困难、挫折、失败,调动自身资源,获取社会支持,积极行动,从困境中走出来并获得成长和进步,让学生更有力量、更有资源、更有自信。

自我挑战的三大目标是克服困难、弥补弱点、攀登新高度。学生在经过努力后应该能够达到自己制定的自我挑战目标,不然容易适得其反,产生负面的自我强化作用。对于班主任来说,指导和帮助全班每位学生制定恰当的挑战目标需要花费很多的精力,不仅要全班辅导,而且要一个一个核对与确认。每位学生的挑战目标与行动不仅要得到监督人的认可,还要向全班公布。

"放羊式"自我挑战毫无意义,"运动式"自我挑战毫无价值,要警惕自由主义和形式主义的反向作用与负面影响。

21 天自我挑战训练营

在 21 天自我挑战训练营活动中,班主任引导每位学生从自己成长的实际需要出发,选择一项具体的需要改进的内容,设计积极的内部语言进行自我鼓励,并制定相应的挑战行动方案,全班学生一起行动,向自己发起 21 天的连续挑战。当然,此项活动也可以用于个别辅导、行为规范训练等。21 天自我挑战训练营活动旨在挖掘学生积极的内部能量。

以小强的自我挑战项目为例,见表 6-1。

表 6-1　21 天自我挑战训练营(打卡表)

班级	六(1)班	姓名	小强	起止时间			×月×日至×月×日				
挑战目标	每节课举一次手										
自我鼓励	我要争取发言一次										
挑战行动	1. 每节课前整理好学习用品 2. 上课时坐姿端正 3. 手不做小动作 4. 眼睛看向老师与黑板 5. 每节课举一次手,争取发言一次 6. 邀请后面和左右的同学作为监督人										
1	2	3	4	5	6	7	8	9	10	11	
12	13	14	15	16	17	18	19	20	21	成功	

在实践中,有以下几方面需要注意:(1)21 天的自我挑战行动必须连续进行,如果某一天中断,无论什么原因,都必须重新开始;(2)每天进行自我打卡和他人考核;(3)结束时接受老师、同学或家长的考核;(4)考核通过,举行颁奖仪式,颁发挑战成功证书。

班主任把小强的自我挑战目标通过 QQ 群告知给班级的其他任课教师,所以小强拥有了优先发言权,在每节课上成了教师的重点关注对象,小强上课时注意力越来越集中,性格也逐渐变得开朗,学习成绩明显提升。

从小学和初中的挑战实践来看,第一次就能够挑战成功的学生极少,但学生在鼓励和支持的班级氛围中会积极想办法去克服困难,在行动上更为努力。整个班级的学风和班风都会呈现积极上进的态势,不好的现象明显减少。引导学生自我挑战,要比班主任苦口婆心劝导的效果好。

3 行为问题：从奉送答案到点燃希望

实践困惑

为什么不听话

• 说过多少遍了，下课时不能在走廊上奔跑，可你们就是不听话，现在摔疼了，哭有什么用！

• 已经告诉你了，上课不专心，成绩上不去，光靠补课没什么用！

• 手机不能带到学校里来，这是校规。大会讲，小会讲，上个星期讲，这个星期讲，为什么明知故犯？

• 高中生，还不知道努力学习啊？交作业，还要讲吗？

从上述四段话中不难看出：班主任已经把行为规则和学习规范反反复复讲过很多次，有的学生还是不理不睬，有的学生还是我行我素，有的学生还是明知故犯，有的学生甚至变本加厉……为什么奉送答案的教育效果不佳呢？该怎么引导学生的行为问题呢？

概念辨析

行为问题又称不良行为或问题行为，是目前教育中普遍存在的问题。池丽萍等将问题行为界定为违反社会公认的正常青少年行为规范和道德标准以及在情绪或社会适应方面不成熟的行为。[1]

左其沛在《中学德育心理学》中把问题行为分为过失型（如迟到、拖欠作业）、品德不良型（如撒谎、偷窃、拦路抢劫）、攻击型（如顶撞师长、故意扰乱课堂、发泄、迁怒）、压抑型（如胆小、孤僻、逃避、消极、自暴自弃）四类。[2]

范兆雄在《学生的问题行为及其教育》中把学生的问题行为分为四类：一是认知活动问题行为，主要包括迟缓行为、草率行为、障碍行为；二是品德活动问题行为，主要包括恶作剧行为、攻击行为、说谎行为、偷窃行为；三是情感活动问题行为，主要包括情绪过敏行为、情绪迟滞行为；四是社交活动问题行为，主要包括社

---

① 池丽萍，王耘.婚姻冲突与儿童问题行为关系研究的理论进展[J].心理科学进展，2002(4).

② 左其沛.中学德育心理学[M].吉林：吉林教育出版社，1990.

交退缩行为、招嫌行为。①

🔔 **理性思考**

直接奉送行为问题的答案，就想取得立竿见影的效果是不切实际的，即使班主任多次重复和批评也无济于事，情况只会变得更糟糕，甚至积重难返。既然奉送答案行不通或效果不佳，班主任就要尝试改变自己的固有观念和行动。

1. 工作模式从问题视角转向优势视角

问题本身不是问题，如何面对问题和处理问题才是问题。有经验的班主任不会把时间和精力浪费在问题本身上，而是会关注问题背后生命的状况，相信学生具有内在的转变能力，想办法激发学生想改变的动力。

沈之菲认为，问题视角的工作模式主要包括发现问题、诊断确定问题、寻找原因、进行解释或分析、改进问题症状，整个过程基本是针对个体的问题。优势视角的工作模式更像是一个理解青少年和提升青少年抗逆力的过程，其工作模式可以归纳为了解情况、理解个体、挖掘资源、重新解释、助人自助，整个过程基本是针对个体本身而不是个案的问题。②

《中小学德育工作指南》③中明确指出心理健康教育是五大德育内容之一。优势视角的工作模式对于班主任工作有着极大的启示：（1）不仅要找问题的原因，而且要找进步、找长处、找优点、找资源等；（2）既要正视问题不逃避，看到存在的不利因素，又要看到有利于开展教育的相关积极因素，摆正心态，努力寻求与挖掘开展教育所需的资源，积极应对，创造性地开展工作。

2. 班主任要成为解决班本问题的专家

从实践角度来看，行为问题在不同年龄段与不同班级中的问题类型、严重程度、发生频率等方面都有一定的差异，与班主任的能力和班级建设的层次直接相关。

具体问题要具体分析，即使是同样的问题表现，其背后的原因不同，教育引导的策略与方法也要有所区别。如作业题目空着没做，有的是因为马虎懒惰，有的

---

① 范兆雄.学生的问题行为及其教育[J].湛江师范学院学报(哲学社会科学版),1996(1).
② 沈之菲.优势视角——促进个体抗逆力的提升[J].思想理论教育,2010(24).
③ 中华人民共和国教育部.教育部关于印发《中小学德育工作指南》的通知[EB/OL].[2017-8-22][2023-6-13].http://www.moe.gov.cn/srcsite/A06/s3325/201709/t20170904_313128.html.

是因为能力问题,有的是因为身体不适;又如班风不尽如人意,有的是因为新组建了班级,有的是因为刚合并了班级,有的是因为控制型班级……班主任最有条件了解自己所带的班级和学生,建班育人是班主任教育职责和使命所在,班主任要努力成为解决班本问题的专家。

参加和接受各级各类的培训,是班主任提高自身专业能力的一种重要途径。但是,有限的几次培训和学习内容不可能涵盖所有的问题,也不可能给班主任提供解决所有实际问题的方法。培训传授的理论和方法没有经过教育实践,仅仅是停留在纸面和口头上的东西,依然不属于班主任真正掌握的知识。培训的目的是学以致用,班主任把相关知识应用于纷繁复杂的班本教育实践,才能真正实现自身的专业成长,才能真正成为解决班本问题的专家。

💡 **操作策略**

基于理性思考,对于学生成长中的行为问题,可以从奉送成长问题的答案转变为点燃学生成长的希望。换个视角看,问题其实也是一种教育资源,问题的解决中蕴含着成长的希望。

1. 倾听学生内心的真实声音

实践中,班主任一边为班级工作取得的成绩而欣喜,一边也为种种问题而烦恼,喜悦与忧愁总是交织在一起,组成了班主任真实的工作心态。从来没有哪个班主任宣称自己能够解决所有问题,或者说保证自己的班级中不会出现问题。

学生的问题不要简单化处理,批评和训斥只能暂时抑制问题,后期会继续产生,有的还会变本加厉。学生问题的处理也不只是说理那么简单,初中生问题行为发生的主要原因是知行不一。学生的问题也不要轻描淡写,否则学生会认识不到自己错误的严重性。学生的问题要具体问题具体分析,班主任不要先入为主,不要被偏见蒙蔽了眼睛,要相信问题解决的转机一定会出现。

班主任要努力成为学生的人生导师,不要代替学生解决问题,而要教学生面对问题、分析问题、解决问题。问题的本身不是问题,最大的问题是解决之道在哪儿。问题的解决方法是需要学习的,其意义不仅在于解决了某个具体的问题,更在于解决过程中学生能够学到除此以外更多的东西。有些问题的暴露也能说明班主任工作中有不周到的地方,班主任遇到学生问题也要反思自己,不要一味批评和责怪学生,学生问题的解决也有助于提升自己的专业水平。

因为什么叛逆

"今天,你的回家作业为什么又没有交?"早晨的第一节课前,一位年轻班主任在办公室里质问学生,学生沉默不语。

"你说说,开学以来你有多少次不交回家作业,课代表和小组长都在小本子上记着呢,你过来,你自己数数。"年轻班主任摊开了小本子,学生一动也不动。

"所有老师都找你谈过话,我跟你爸爸妈妈也联系过,你也保证过,有什么用?你已经是初中生了,完成回家作业,不懂吗?"年轻班主任一连串地质问,学生一句话也不说。

上课铃声响了。"先去上课,下课后再到办公室,听见没有?"年轻班主任无奈地说,学生转身走了。

"王老师,请你说说,对这位学生,该怎么办,真不知道他因为什么叛逆!"年轻班主任问年长的王老师。王老师说:"你单独找这位学生再谈一次,不要在办公室里,不要在人多的地方,其他话不要说,就问他最近家里发生什么事了。"

下午,年轻班主任对王老师说:"原因找到了,孩子说最近一个多月以来,他的父母晚上一直在吵架,还说要离婚……"听完情况后,王老师说:"问题出在孩子身上,但根源在家庭里。你想在学校约谈家长,还是去家访……"

从案例来看,年轻班主任之前的教育都没有效果,是因为没有找到问题症结,无法对症下药。家庭危机出现,家庭隐私又不好意思说,如此压力之下的学生哪有心思做作业?倾听学生的心声是解决问题的关键,是处理问题中不可或缺的重点环节,切不可"凭权威""凭经验"。

2. 觉察问题行为背后的动机

当犯错被发现时,有的学生不知所措,有的学生保持沉默,有的学生极力掩饰,有的学生不断辩解,有的学生言辞激烈……这些外在的表现反映了他们内心的不安,此刻他们最需要情绪上的安抚。如果班主任言辞激烈,可能会点燃师生冲突的导火线;如果班主任平心静气,往往都能妥善处理。班主任的帮助能使受惊的学生战胜恐惧感和罪恶感,同时达到最佳的教育效果。班主任要坚信每位学生都有积极的动机和愿望。

当问题发生后,在没有调查和倾听之前,班主任不要先入为主,不要采取伤害学生自尊的方式解决问题,虽然指责和惩罚可能立刻有效,但由此留在孩子心灵上的创伤却不容易治愈。行为背后是动机,动机背后是需要,班主任要把焦点放在了解学生背后的情感、愿望和动机上,而不是纠缠在"问题"上。班主任要了解学生内在的动机和愿望,发现并肯定他们,同理他们的行为,即使这时候看上去是消极的行为。

把花的根拔出来了

早晨,带二年级的班主任刚进教室,就围上来一群学生告状:"小明把我们小组的花的根拔出来,根断了。"有人说:"他搞破坏。"有人说:"花养不活了,我们金星小队倒霉了。"有人说:"火星小队的花也被小明从土里拔出来了。"……

小明分辩说:"我……我不是搞破坏,我想研究花的根长什么样、与草的根有什么不一样。我只拔了金星小队的,没有拔其他小队的。"有学生说:"哼,谁信呢?"班主任问:"小明,你准备怎么处理?"小明说:"我赔一盆花……"

班主任又问:"大家说说,有什么办法让我们能一直观察到植物的根的生长情况。"

有人马上说:"无土栽培,用水。"有人说:"可以用玻璃瓶养绿萝。"……

从此,班级再也没有发生"拔根"事件。

这样的"拔根"事件在小学很多班级都发生过,也许还会发生。"拔根"的背后是好奇,班主任了解了学生的动机后,发现了妥善而又智慧的解决方法,把问题引向了班级种植的改进和科学探究,提升了班级活动的质量。要知道,行为的背后是动机,动机的背后是需要。

3. 发现问题背后隐藏的积极信息

班主任要明白一个有益的观点:学生通常不会故意犯错或制造问题,没有一位学生希望自己落后,没有一位学生希望自己被批评。学生犯错或出现问题往往是由于生活中的各种原因导致成长受阻,自己的力量又不足以控制负面情绪和问题行为。

当教育者和成年人抱怨孩子的时候,其实孩子也在抱怨"你不懂我的心"。每位学生都是一本与众不同的书,成长需求及其表达有多种形式和样态,需要班主任用心"读懂"。对于学生的成长,班主任不要苛求完美;对于学生的成长问题,班主任不要悲观失望。

经常犯错的学生会熟悉某些"教育套路",曾有学生当面质问班主任:"除了批评我和告诉家长以外,你还有什么办法?"情绪对抗无助于问题解决。有时候,班主任真的不能一直按常规套路出牌,要从多个角度解读学生的成长问题,以便发现积极的因素。当班主任把发现的进步告诉发展滞后的学生,会带给他们惊喜,他们会把班主任看作知心人。班主任的认可和赞赏具有权威性,他们也可以在小伙伴中和家长面前扬眉吐气了。事实上,有些违抗、退缩、糟糕的行为和语言背后也隐藏着积极的生命信息。

比赛选手发现记

课间操时间到了,学生排着整齐的队列走向操场,八(3)班的班主任王老师走在队伍后面。

到了操场,学生都已经在班级的固定位置站好了,小张和小李却突然跑到队伍后面的跑道上,一个跑一个追,嘻嘻哈哈,速度还很快。操场上,还敢追逐打闹,几位学生急忙向他们招手呼喊。

两个家伙也发现班主任来了,急忙跑回自己班级的队伍,低下头对班主任说:"对不起,我们错了。"他们跑得快,认错也快。

王老师却对他们说:"王老师有个重大发现,你们俩要不要听?"两个人本来想着班主任会劈头盖脸地教训自己一顿,没想到王老师会有此一问,双双抬起头问王老师:"老师,你发现什么了?""我发现我们班新出现了两个运动健将,下一次我们班的运动会一定会有突破! 对不对?"小张和小李有些惊讶,但立刻信心满满地说:"下次运动会,我们也报名参加,为班级争光!"

在之后的日子里,操场上经常能看到这两位学生努力跑步训练的身影,从来没有参加过运动会的他们真的为班级获得第一名出了力。出人意料的是,他们的学习成绩也大幅度上升。

在本案例中,王老师从两位学生的错误中发现了男生的一个特点:八年级的男生正处于生长高峰期,不仅身体长得快,而且力量也明显增强。同时,他们已经意识到了自己的错误,王老师也就不纠结于犯错的问题,而是引导他们加强体育锻炼,点燃了他们参加学校运动会的希望,班主任的巧妙引导使一次犯错变成了一次成长契机。

4. 发动学生一起想办法解决问题

发动学生一起想办法解决问题,简而言之,即"问计于生",这是培养学生成长性思维的一条重要途径,也是启发学生自我教育的一条重要策略。从解决问题的需要出发,发动学生的数量可以是个别、少数或全班。

奉送成长问题的答案,固然短、平、快,但不利之处在于减少了学生解决成长问题的思维过程,缺乏思维锻炼的学生难以应对后续的其他成长问题。发动学生一起想办法解决问题,重视发挥学生的主观能动性,能调动学生自身的成长力量,培养学生的成长性思维,提升学生应对问题和解决问题的能力。

班主任期望把问题抛给学生后,学生都能想出很好的办法,这也是不切实际的。解决问题的希望曙光不会自动出现,总是潜藏于成长问题的背后。发动学生一起想办法解决问题,需要班主任给予一些思考问题和解决问题的示范,引导学生去寻找、去发现、去尝试、去总结。班主任要让学生获得解决问题的亲身经历和体验感悟,让学生总结自身的成长经验。

办法总比问题多

午会上,班主任组织召开值日组长述职的班级会议。

第一个环节,反映值日生问题。值日组长反映了许多问题,以其中一个问题的讨论为例:有的值日生去参加其他活动,没有打扫教室。

第二个环节,寻找问题原因。组长说完后,有的学生说:"有同学催我去参加足球比赛,我向组长请过假了。"有的学生说:"不是我不想做值日,当时我们还在排练节目,负责排练的老师不让我们走,我也没办法。"有的学生说:"值日那天正好有比赛训练,体育老师说不能缺席训练。"

第三个环节,讨论解决办法。班主任说:"问题很多,但我相信,办法总比问题多,接下来请大家集思广益,一个问题接着一个问题讨论。今天讨论不完,明天继续讨论,直到问题解决为止。"学生每提出一个办法,班主任都会帮助他们完善相应的表述,然后班级进行举手表决,表决通过的办法就作为班级公约,由劳动委员记录与整理。

值日冲突问题与解决办法如下:(1)如果是长期活动,可以在值日生安排表中与其他同学调换时间;(2)如果是事先知道的临时活动,自己与其他同学调换,或请值日组长帮忙和同学调换;(3)如果不能及时调换,事后自己弥补;(4)值日组长可以请求其他同学临时代替值日。

接下来,继续讨论第二个问题……在第三次午会上,劳动委员宣读了有关值日的班级公约,再次表决后张贴公布。此次会议后,班级里不仅值日生工作井井有条,而且其他方面的管理问题也大大减少。

班级的值日和保洁问题屡见不鲜,本案例中的班主任没有提供问题的答案,没有简单处理,而是借助班级会议开展轰轰烈烈的讨论,让问题及其原因充分暴露,引导学生去探索解决办法。这样的会议,这样的讨论,值得花时间,迁移规律会发生作用,即一个问题的解决会带来班级建设层次的提升。

主题七

班级空间的延伸

班级在哪儿？

有学生的地方就是班级。

原先的班级，

在校园里，在社区里；

现在的班级，

延伸到了网络空间里。

1 网络安全:从心不设防到筑防火墙

实践困惑

支付宝余额不足(小学)

2020 年 5 月的一天,在某商场里。

"先生,扫码支付失效,您支付宝里的余额不足。"营业员很有礼貌地对我说。

"不可能呀,我记得余额是够的。"我一头雾水,马上查看手机信息,却没有找到任何交易的蛛丝马迹。我回家后马上"审问"上小学四年级的儿子,儿子交代:"我玩游戏买装备,充值了几千元,怕被发现,悄悄地把相关记录全部删除了……"

想不到从小就听话乖巧的儿子,一玩电脑游戏就"坑爹",是我的教育失败了吗?

手机里的照片(初中)

一天,我无意间打开了上初中的儿子的手机,屏幕上是一张美女照片,我立刻犹如五雷轰顶……再查看手机图库,儿子的手机里不知道什么时候居然存了大量的性感的美女图片,甚至还有夸张的二次元裸体美女漫画!我一边五味杂陈地翻看着那些图片,一边如同掉进了油锅一般,煎熬又无措!

面对青春期的孩子,我该怎么教育?

网上散布隐私(高中)

何同学与刘同学都是女生,都来自同一所初中,现在更是高一的同班同学。何同学性格开朗,成绩较好,深受同学的喜欢,在班级里担任学生干部,和老师交往比较多。刘同学平时话语不多,不太与别人打交道,对曾经在同一所初中就读的何同学产生了嫉妒心理,于是便搜集何同学的隐私信息,在社交媒体上匿名发布不当言论,长期对何同学进行人身攻击,产生了极为不良的影响。何同学家长迫不得已报警,公安部门在学校的协助下找到了幕后的刘同学。经过多番教育,刘同学认识到了自己的错误,于是将社交媒体上的内容删掉,努力消除不良影响。心理咨询师也对何同学进行了心理上的疏导。

对于发生在网络上的欺凌,班主任该如何应对?

上述三个案例与网络游戏、网络色情、网络欺凌这三个有关未成年人的网络安全问题密切相关，还有网络诈骗、网络赌博、网络交友……中小学生网络安全问题层出不穷，只有你想不到的，没有不发生的。现在的网络环境并不清朗，如何让中小学生绿色上网，网络安全教育已经成为不容回避的问题。

概念辨析

有研究者认为，网络安全是指互联网设备上的系统、程序和数据安全。[①] 联系实际来看，网络安全不仅包括计算机网络的硬件安全、软件安全，也包括人们在网络上传递的数据信息的安全。

有研究者指出，网络安全是基于互联网的发展以及网络社会到来面临的信息安全新挑战所提出的概念，其反映的问题是基于网络的，但核心目标依然是信息安全。[②]

对于中小学生来说，网络安全是指中小学生在利用互联网学习和生活的过程中，能够积极合理地处理可能遇到的侵害财产、不利于身心健康、威胁自身安全等问题，提高道德感和责任感，共同营造健康清朗的网络环境。

网络安全教育是指以中小学生健康成长为目标，综合学校、家庭、社会等多方教育力量，通过多种途径开展的以网络安全意识、知识、技能等为主要内容的教育活动。

理性思考

上述三个案例中，看似是孩子的责任，实则反映了网络安全教育的缺失，其缺失的主要原因是心不设防。

1. 对于网络安全教育重视不够

目前，学校和家长普遍关注交通安全、消防安全、校园安全和食品安全等传统安全领域，学校会设计和开展相应的安全教育宣传周活动、社会实践活动、安全教育主题班会、安全教育课程等，家长不仅配合学校，而且在日常生活中也常抓不懈。总而言之，家庭和学校在安全方面的合作很有成效。

共青团中央维护青少年权益部和中国互联网络信息中心在《2019年全国未成年人互联网使用情况研究报告》中指出，互联网对于低龄群体的渗透能力日渐增

① （美）Marc Farley,等.网络安全与数据完整性指南[M].李明之,等译.北京:机械工业出版社,1998.
② 张剑.网络安全意识提升[M].成都:电子科技大学出版社,2017.

强,越来越多的未成年人在学龄前就开始使用互联网。调查结果显示,高中和中职学生在学龄前首次使用互联网的比例为 15.9% 和 10.7%;初中生增长至 18.8%;小学生的比例最高,达到 32.9%。根据这一调查结果,再结合日常生活情况来看,较多家长对于孩子在学龄前"触网"听之任之,只要孩子不哭不闹,便以为没什么问题,一切尽在掌握之中。虽然家长和学校也关注学生的上网情况,但更多是害怕孩子沉迷游戏、上网成瘾,影响学习和健康。

2. 对于潜在的网络安全风险认识不足

青少年面临的网络安全风险具有一定的典型性:(1)网络安全风险并不一定会对青少年产生实质性伤害,但会提高他们遭遇风险的可能性[1];(2)网络安全风险很有可能转移至线下,重则危及青少年的身心健康。有研究者将青少年使用网络过程中可能面临的潜在风险分为内容风险、联系风险、商业风险。[2] 根据青少年互联网使用偏好情况及《电信网络诈骗研究报告》,当前我国青少年面临的潜在网络安全风险基本上也是上述三类。但这三类网络安全风险往往组合出现,不仅会给青少年造成经济损失,还会影响青少年的身心健康发展。

3. 未成年人网络安全与防护情况没有引起重视

《2019 年全国未成年人互联网使用情况研究报告》介绍了未成年人网络安全与防护情况。

一是未成年人遭遇网络安全事件的情况。66.0% 的未成年网民表示在过去半年内未遭遇过网络安全事件,这一比例高于整体网民的 55.6%。究其原因:(1)未成年网民相比成年网民使用互联网的机会少,遭遇网络安全事件的可能性低;(2)未成年网民的网络安全防范意识弱,虽然遭遇不法侵害但未能有所感知。

二是未成年人遭遇网络不良信息的情况。46.0% 的未成年网民在上网过程中遭遇过各类不良信息。其中,炫富类信息的占比最高,达到 23.5%;淫秽色情、血腥暴力、消极思想信息的占比均超过 15.0%。

三是未成年人遭遇网络暴力的情况。未成年网民在网上遭到讽刺或谩骂的

① Livingstone S. Online Risk, Harm and Vulnerability: Reflections on the Evidence Based for Child Internet Safety Policy[J]. Journal of Communication Studies, 2013, 18(35).

② Valcke M, Wever B De, Keer H V, et al. Long-term Study of Safe Internet Use of Young Children [J]. Computers and Education, 2011, 57(1).

比例为 42.3%；自己或亲友在网上遭到恶意骚扰的比例达到 22.1%；个人信息未经允许在网上被公开的比例达到 13.8%。

四是未成年人网络权益维护认知与接受程度。知道可以通过互联网对侵害自身的不法行为进行权益维护或举报的比例达到 75.3%，不知道的比例达到 24.7%。

从上述调查数据不难看出，未成年人网络安全与防护任重而道远，网络安全是学校和家庭安全教育体系中不可或缺的重要内容，而且极其紧迫。

💡 **操作策略**

网络安全要警钟长鸣，学校和家庭要为中小学生筑起网络安全的"防火墙"，预防、发现并处理中小学生上网时可能遭遇的安全风险问题。

1. 将网络安全教育纳入班级安全教育课程

目前学校开展的安全教育主要涉及交通安全、消防安全、校园安全和食品安全等，虽然有网络安全的教育内容，但往往是根据宣传周的安排进行，具有随机性，缺乏计划性与长期性。因此，我们要主动将网络安全教育纳入班级安全教育课程，紧跟社会的变化对其进行调整，防患于未然。

（1）定期了解班级学生使用网络的动态情况

网络安全教育对于班主任来说，不仅是一个较为迫切的话题，也是班主任工作中越来越现实的一个难题。虽然学校的安全教育工作中包含网络安全教育的内容，但班主任对网络安全教育内容并没有那么熟悉。因此，网络安全教育可能出现空、大、远的现象，学生无法深切感受到网络安全教育的重要性与急迫感，感觉与自己的距离相对较远。班主任要贴近学生的实际，了解他们使用网络的动态情况，挖掘有用素材进行教育，这样更能体现教育的实效性。

（2）在班级工作计划中安排网络安全教育内容

虽然班主任在思想意识上对网络安全教育的重要性有了一定的认识，但要想真正落实到班级教育中去，却少不了计划这个环节，否则容易出现"想想容易落实难"的现象。有时，班主任也会因为忙于应对班级其他工作，从而无法真正落实网络安全教育。班主任在制订班级学期计划时，就要将网络安全教育规划进去，并根据学生身心发展的特点，从宏观内容到微观话题，由他人遭遇到自我困惑，逐步深入、螺旋式开展网络安全教育。

（3）开展多种形式的网络安全教育课程活动

网络世界很精彩,假如我们的教育方式不够有趣,那么教育的实效就会大打折扣。班主任可以利用召开午会、召开班会、参观等途径,采用角色扮演、情景再现、小辩论赛等形式,开展网络安全教育,预防网络欺凌、网络沉迷、网络诈骗、网络色情等,使学生对网络安全入心入脑。同时,班主任要理性看待学生使用网络,用心搜集相关的资料,逐渐形成班级网络安全教育的系列课程,凸显班级教育工作的特色。

求发红包

一个周六,我召集学生上线讨论。我提前和一位女生联系好,让她先不要发言,等我的消息。然后我把自己的微信头像换成了她的头像,并更改了一样的名字。在群里,我模仿这位女生的语气发了信息,其他学生并未发现。聊了一会儿,看见大家并没有怀疑我,我发了一条消息:"我需要一元钱,谁能给我发一个红包?"一位学生很快就给我发了一个红包。

这时,在我的安排下,那个真正的孩子出现了。微信群里的学生都迷惑了。我表明身份后,询问学生"为什么没有人怀疑我""为什么会发红包",借此让学生展开讨论。我补充了相关的网络诈骗案例,让学生知道网上会有哪些安全问题。在学生了解相关情况后,我又在群里和学生进行了一次现场模拟。

（上海市松江区第三实验小学 王艳老师）

本案例中的班主任认识到,随着微信使用的范围越来越广泛,网络安全问题频频发生,有不法分子利用网络进行诈骗,或者套取受害者个人信息等进行诈骗。对于小学生来说,面对这类情形更是无法辨别和防范。微信上的问题,可以通过微信进行实景模拟,对学生进行网络安全教育。

对于网络安全问题,通过案例讲评和视频播放,学生能有所了解,但遇到实际状况时,学生却很难正确应对。班主任应该理论与实践指导相结合,不断增强学生的网络安全意识和自我防护能力。

2. 将网络安全教育融入家庭教育指导内容

互联网对于低龄群体的渗透能力持续增强,相关数据表明,32.9%的小学生网民在学龄前就开始使用互联网。这对家庭的上网技能教育、网络内容监督管理、互联网企业针对性保护机制均提出了更高的要求。家长必须对孩子使用手机进行正确管理和引导。

（1）开办有关网络安全教育的家长讲座

以往,学校的家长讲座比较关注学习习惯、学习方式等内容。随着社会的发展,目前有关学生心理健康的家长讲座逐步增加,而对家长进行网络安全教育指导的讲座却寥寥无几。所以,班主任在掌握学生使用网络的动态情况基础上,要主动开办网络安全教育的家长讲座,增强家长的安全防患意识。

（2）推送网络安全教育的相关资料

网络对于教育来说,有很多积极的作用,班主任要利用网络的及时性、便利性做好网络安全教育的延伸工作。平时,班主任要多搜集一些网络安全教育资料,在自己阅读筛选的基础上,通过班级 QQ 群、微信群、公众号进行转发,做到教育的常态化。

（3）家访中加强电子产品使用指导

班主任在家访中要有网络使用指导的意识,走到学生家中,看一看电脑摆放的位置,聊一聊家庭成员使用电子产品的情况,议一议家庭使用电子产品的规则是否恰当。同时,班主任要注意自己的态度,千万不要对明显的使用不当行为进行评判,否则容易引起家长与学生的反感,使得指导内容无法得到落实,也无法实现家访的初衷。

（4）加强对个别学生的网络安全辅导

对于个别已经显现网络不安全行为的学生,班主任要快速反应,联系家长商量对策,及时止损。如果班主任在网络技术上无法帮助学生,可以求助相关技术人员一起采取补救措施。随后,班主任要针对出现的问题,与学生深入探讨"怎样预防不安全的网络行为"。同时,班主任要做好家长的思想工作,引导家长理解孩子闯祸后的害怕心理,采取必要的网络保护措施,避免不安全事件的再次发生。

手机使用协议

家长拥有手机的所有权,孩子拥有手机的使用权。手机是用于学习和生活的,而不是被手机所奴役。如果不能遵守如下协议,家长应暂时限制孩子对手机的使用权。

1. 孩子要告知家长手机的开机密码。

2. 有礼貌地接听电话,不能不接听家长的电话。

3. 遵守学校对于手机使用的规定,郊外旅行和社会实践活动另行考虑。

4. 周一至周五每天 19：30 以后及周末 21：30 以后,手机关机,不能带进房间充电,可以放在大家都能看得见的家中的某个位置;第二天 7：30 以后才可以开机。

5. 孩子有责任保护好手机,如果手机摔坏或丢失,相关费用由孩子自己负担,不能耍赖立即要求再买手机。

6. 自我约束,不要用手机撒谎和欺骗家长,不许使用网络上的粗话和不良图片,不要利用手机抄袭作业或给同学抄袭作业。

7. 网络不是法外之地,杜绝色情内容和非法网站,不能加陌生人为好友,也不能加入陌生人组建的群。

8. 公共场合请关闭手机铃声或静音,不要影响他人。

9. 不要无节制地拍照、拍视频、下载音乐。

10. 不要把手机经常拿在手里,不要被手机束缚住,像以前一样生活。

11. 可以用手机玩一些益智游戏,不能玩付费的网络游戏。

12. 当孩子沉迷手机的时候,家长有权暂时收回手机。

本协议不仅是针对手机的使用,更是对生活的提示。希望大家享受到手机的乐趣,不要被任何机器左右。

甲方:*爱你的爸爸妈妈*

乙方: 孩子的姓名

×年×月×日

手机使用协议由家长和孩子召开家庭会议一起制定,每项条款都要得到孩子的理解和认同,这样孩子执行的积极性就比较高。如果家长单方面制定后要求孩子执行,有的孩子可能仅仅是表面上答应,一旦受到外来因素影响,抗拒的可能性也会很大。手机使用协议制定的过程,其实就是教育孩子的过程。以文字而非口头的形式将手机使用协议固定下来,给孩子的感觉是正式和庄重的。

需要说明的是,中国的家长要学会以契约的方式来教育孩子,而不要嫌麻烦一直以口头的形式来教育孩子。案例分享的手机使用协议仅供参考,家长可以根据孩子的年龄特点来制定,也可以根据手机使用情况进行补充。

3. 对沉迷网络的学生进行心理辅导

随着网络使用的普及化、低龄化，网络沉迷也逐渐成为家长与教师关注的教育难题。学生成绩下降、不愿意与家长交流、情绪波动较大等，往往与网络沉迷有关。有些学生一有机会就在网络畅游，他们热衷于网络游戏、网络聊天、网络交友等，逐渐对学习无兴趣、逆反心强，上网就能兴奋，无法安心做作业。对于此类学生，班主任要进行一定的心理干预与辅导。

（1）科学评估，不随意贴标签

学生的某些上网行为一超出常态就是网络沉迷，这只是我们的主观判断。一旦被贴上网络沉迷标签，很多学生就会破罐子破摔，在情绪、行为上对抗。所以，老师或家长一旦有网络沉迷假设后，要去进一步科学评估。在学校可以寻求心理老师的评估，家长可以带孩子去医院心理科进行评估。乱贴标签往往会适得其反，对教育与帮助学生有害无益。

（2）耐心指导，增强应对能力

如果科学评估结果显示学生确实有网络沉迷问题，那么心理干预等专业的事要交给心理老师、心理医生等专业人员来处理。同时，班主任需要落实以下几件事：①联系学校心理老师，反馈学生的情绪状态、行为表现，对接好心理干预相关工作；②根据心理老师的辅导进展，密切关注学生的动态变化并及时告知；③对班级学生进行排摸，及时发现苗头，进行必要的教育活动。

（3）家校协作，合力解决问题

要改善学生的不良行为，需要一个良好的支持系统，除了班主任、同学、心理老师的关心外，家庭的力量尤其重要。孩子出现网络沉迷问题，家庭往往也或多或少存在问题，如父母情感不和、家庭冲突不断、亲子关系紧张，可能有的家长自身也沉迷网络。班主任可以从以下几方面着手对家庭进行指导：①引导家长调整电脑摆放的位置，把电脑搬离孩子的房间，临睡前把手机放置在商讨的地点；②要求家长与孩子记录使用电子产品的时间、具体用于什么（学习、上传作业、聊天、打游戏等）；③要求家长与孩子讨论使用电子产品的时间限定；④引导家长规划家庭休闲活动。

表7-1 使用电子产品记录表

记录者：

时间	上传作业	微信	QQ	微博	购物	游戏	其他
周一							
周二							
周三							
周四							
周五							
周六							
周日							
总计							

操作规则：此表由家长、学生各自记录，家长不要干涉孩子的记录；一周后根据双方记录的内容反馈使用情况；双方讨论需要调整哪些方面，具体到用时几分钟（之后用新表记录）；如遇特殊情况，可以适当增加使用时间；对于学生没有使用的时间，可以由他们自由安排（如周末用于玩游戏或聊天）。

操作原则：记录的目的不是不让学生使用电子产品，而是先由（让）家长有控制地使用，然后由学生自行使用。

2 线上班级:从校园教室到网络空间

实践困惑

摄像头成了摆设

一位高中生的妈妈说:"儿子一个人在家上网课,我们实在不放心,便安装了一个摄像头,没想到,儿子用纸片把它挡住了……"一位初中生的爸爸说:"我家孩子把笔记本背对着摄像头,这样摄像头就拍不到屏幕了……"一位小学生的妈妈说:"我家孩子经常藏到摄像头的盲区,跟我们躲猫猫……"

家长惊呼:居家学习,孩子怎么管?

话筒那端静悄悄

在线学习的"空中课堂"环节结束,进入本校师生的互动环节,一位小学老师点开一位小学生的网络话筒,话筒里传来动画片的声音……多位高中生上网课时在"对话区"留言:"老师,非常抱歉,我家网络信号不佳,无法通过语音回答问题。"

教师惊呼:在线课堂,学生怎么管?

班主任又烦又闹

有的班主任说:"我们学校使用在线学习软件,学校要求每位学生都打开自己的摄像头,要求班主任不仅要上好自己的课,还要对其他任课教师的网络课堂进行管理,班主任一天到晚在网上,累啊!"有的班主任说:"有的学生不进网络课堂,有的学生在网课点完名后就悄悄溜了,有的学生不交作业……班主任就不停地给家长打电话。"有的班主任说:"学生在网络课堂的留言区里乱发信息,屡禁不止……"

班主任惊呼:线上班级怎么管?

上述案例所反映的只是在线学习问题中的"冰山一角"。为了抗击疫情,开启了史无前例的学生全员在线学习模式。作为应急措施,基层教师前期最忙碌的是对家长和学生进行有关在线学习的网络技术培训,虽然有关居家学习管理的家长会和班会不停召开,网络教学问题还是层出不穷,最终都指向一个问题:处于网络空间的线上班级如何建设?

概念辨析

所谓线上班级,是指由于在线学习的需要而在网络空间建立的班级,班主任和任课教师通过网络技术以班级为单位管理学生、提供教学服务、开展教育活动等,学生以网络为纽带在班级中进行共同学习、互动交流、成果展示等活动。

线上班级是一个新事物,于是我们就把传统班级称为线下班级。相对于传统班级而言,我们对线上班级的特点了解较少。防疫期间的实践告诉我们:不能完全复制线下班级的经验,照搬照抄的结果是举步维艰。

线上班级有什么特点呢? 我们通过自己实践、家班交流、学生调查,发现不同视角下的线上班级有不同的特点。

教师眼中的线上班级:(1)超越视距,离开教师视线的班级难以管理;(2)隔空喊话,非“面对面”的教育难有成效;(3)难以互动,单单的语言交流所传递的信息非常有限。

学生眼中的线上班级:(1)孤独寂寞,一个人守候一个屏幕和一个家;(2)单向接受,绝大部分时间都在聆听,很少有机会表达;(3)诱惑难挡,网络世界丰富多彩,自己却要一直克制链接网络世界的冲动。

家长眼中的线上班级:(1)兼职教师,自己不仅要完成本职工作,还要担负起像教师一样的辅导学习的责任;(2)重新学习,既要学新的信息技术,又要学辅导孩子的技能;(3)遥控指挥,既要外出工作,又要打电话或看摄像头,时时关注孩子居家学习的情况。

理性思考

在互联网出现前,“班级在哪儿”根本不是一个问题,几乎每个班级都有一间固定的教室,有时以班级为单位在校园的某个空间(专用教室、操场等)里上课或开展活动,有时以班级为单位参加社会实践活动。在互联网出现后,部分中小学生开始沉迷网络游戏,各种问题层出不穷,网络德育必须要与时俱进,对于线上班级的研究势在必行。

1. 主动把线上班级作为网络德育的新阵地

网络世界在带给我们巨大好处的同时,网上不健康的内容也在深深影响着青少年的身心发展,侵蚀着他们的心灵,并在一定程度上影响着他们价值观、人生观、世界观的形成。这就使得德育面临新的挑战,要求我们德育工作者转变观念,抛弃"网络有害论",消除"网络恐慌症",带着开明的观念,运用先进的教育手段和教育方式进行有效的网络道德教育。[①]

网络给德育工作带来了新挑战,也给德育工作提供了新载体和新阵地。网络将学校、家庭、社会有机地连成一体,班主任要因势利导,善于利用信息技术把学生在网络环境中组织起来,组建新形态的班级——线上班级,使之成为网络德育的新阵地。

2. 线上班级建设是网络德育研究的新命题

从班级实践的情况来看,多数集中在信息技术方面的低层次应用,如利用 QQ 群发布通知和布置作业,利用网络进行各类知识竞赛,利用问卷星进行调查……从知网检索的情况来看,线上班级建设的相关研究成果很少,专项研究更少。从未来教育的需要来看,线上班级建设的研究已经时不我待,需要班主任一起在实践中探索并填补空白。

如何借鉴和吸收网络文化的积极因素,抢占网络思想阵地;如何兴其利,去其弊,使网络成为德育的一个强大的战略基地,尽可能充分利用网络这一媒介,进一步培养学生良好的道德品质;如何保持思想政治工作的生机和活力以应对网络文化的挑战。这已经成为当前网络文化背景下学校教育所面临的具有现实意义的时代课题。[②]

💡 操作策略

1. 制定班级线上公约,彰显学生的主体作用

所谓班级线上公约,是指班主任引导全班学生根据互联网使用特点而一起制定的班级公约。

因防疫需要而实施了在线学习,传统班级延伸到了线上班级,学生借助电脑或手机进行"空中课堂"和"互动课堂"的学习,缺乏教师管理和相关纪律的约束,存在很多不可控因素,许多不可能在线下班级出现的问题却在线上班级出现了。因此,班主任需要根据在线学习情况,适时引导全班学生共同制定班级线上公约。班级线上公约既是一种约束,也是一种导向。学生在学习和思想发展过程中要以此为参照,自我纠正,自我完善,自我发展,从而增强班级凝聚力。

---

① ② 王梅.充分利用网络阵地加强学生德育教育[J].科教文汇(中旬刊),2012(17).

从班级公约的筹备到意见的搜集和讨论,到条例的统整,再到班级公约的执行,在整个过程中,学生都扮演着不可或缺的主人翁角色,参与班级事务的主动性和积极性不断增强,主体地位得到了充分彰显。[①]

班级线上公约:不在讨论区发送无关信息

在网课开始前,班主任召开了家长视频会议和视频班会,发布了"在线学习"要求的文档,宣布了相关的纪律要求,也解答了家长和学生的相关问题,把可能出现的问题提前做了布置和规定。

始料未及的是,讨论区里一片混乱:小学生一进入直播课堂就热情地打招呼,几十条信息立刻刷屏,班主任想要找班干部汇报信息不得不艰难"爬楼";一位调皮捣蛋的学生发了一张搞怪图片,立刻遭到批评,复制粘贴的批评就像雪球一样越滚越多,令人想不到的是,批评者也成了垃圾信息制造者;有的小学生在上课时也在乱发消息……

讨论区的混乱让班主任头疼不已,学生也很反感,"隔空喊话"并没有什么效果。于是,班主任在"线上班会"里让学生讨论制定公约:你们对于讨论区里的信息发送有什么感受和想法? 我们该怎么办?

经过辩论和投票,大家制定出了班级线上公约:不在讨论区发送无关信息。随后,直播课堂讨论区渐渐清朗起来,不再让师生烦恼。

这个案例告诉我们:线上班级建设刚刚起步,许多问题是我们难以预料的,关键是怎么应对。全班学生在班主任的引导下经历了从发现问题到共同制定线上公约的全过程,彰显学生主体作用的班级公约也得到了较好的执行。网络空间也是一个公共空间,不是法外之地,网络素养也是现代公民的必备素养。

2. 开展班级线上活动,挖掘网络空间的教育功能

所谓班级线上活动,是指根据网络特点而开展的班级活动。

随着在线学习时间的推移,网络学习初期的新鲜感渐渐消失,中小学生的心理问题渐渐显现。由于长时间困在狭小的空间,缺乏人际交流,单调枯燥的生活令人乏味,有的学生注意力难以集中,有的学生学习兴趣降低,有的学生孤独感增加,有的学生抑郁状态趋于加重,有的学生兴趣转移到游戏,有的学生作业拖拉或不完成,有的学生沉默不语……

[①] 李根.班级公约的价值探索及实施策略[J].教育视界,2018(17).

在传统班级里开展活动,班主任并不陌生,有的班主任还非常得心应手,可是大多数班主任对于班级线上活动开展经验不足,也没有相关的成熟经验可供借鉴。怎么办? 实践出真知! 众多班主任在实践中摸索,在摸索中思考,在思考中开拓,给沉闷的线上班级增添了活力。

我是主播

在线学习已经开展一周了,作为班主任的我看不见学生的笑脸,听不见学生的笑声,总有一种惆怅徘徊在心头,班级缺少了往日的生机。在征求学生意见后,我决定在线上开展"我是主播"活动。

一个手机支架,一位男孩,一架钢琴,十根手指在琴键上跳跃,悠扬的钢琴声让人感到愉悦……一位女孩,一把吉他,纵情歌唱,跳动的是青春的音符……班级的讨论区里都是"赞"。

哇,真想不到普通的才艺展示活动也可以如此唯美,如此受学生欢迎。

讲述这个故事的初中班主任坦言:线上班级也有优势,把钢琴搬到教室里演奏,在线下班级里是无法想象的事情,而在线上班级里却能轻松实现,太棒了! 活动是短暂的,影响却是长久的,线上班级并不难管理!

这样的效果正是班主任勇于探索线上班级活动的结果。"我是主播"活动满足了初中生的心理需求,网络直播形式又很流行,受欢迎是必然的。只要班主任用心思考,便可以充分发挥信息技术的教育功能。

3. 推动小组线上管理,发挥同伴交往的团队力量

所谓小组线上管理,是指根据互联网特点而采用小组形式进行的线上班级管理,即把全班学生分成若干小组,以小组为单位进行管理和评价。

由于在线学习中师生并非"面对面",教师对于全班学生的约束、督促、指导等存在困难,而以小组为单位的出勤点名、纪律管控等比较容易操作。

对于小组管理,班主任都比较有经验,但是小组线上管理不等同于线下管理,相关要点说明如下:(1)组员搭配,班主任不宜硬性规定,应以指导和调剂为主,以自由选择和组合为原则,一般每组5至8人为宜,低年级的小组人数宜少,高年级的小组人数可以稍多;(2)组长选举,在小组内部可以采用自我推荐、投票选举、轮流担任等形式确定组长人选,同时明确组长职责;(3)小组名称,由小组成员共同拟定并赋予含义,如"梦想组合",组训为"做更好的自己",组规为"五人齐心,其利

断金";(4)小组评价,由全班学生和任课教师一起投票,从不同维度进行多元评价,如最讲团结小组、最有活力小组、最快速度小组……这样的小组线上管理,符合学生的合群需求和交往心理,有利于形成团队,执行力也强。

小明,上课啦

在线学习初期,由于还没有专用的网络课堂教学软件,课前点名一直是一件麻烦事。"空中课堂"刚结束,"互动课堂"紧接着开始,有的软件还不具备自动点名的功能,有的学生还没有进来,教师该打电话还是该上课,这真是个两难选择!

班主任想了很多办法:有的让班干部统计,有的请有空的家长帮助点名,有的让学生按学号顺序在留言区里报到,有的自己协助任课教师点名……八仙过海,各显神通,但总体效果都不太理想。

班主任张老师不断更换点名方法,将线下小组模式用到了线上班级。每到"互动课堂",张老师一打开直播软件,就会先看留言区:

第一组齐了。

第二组齐了。

第三组齐了。

第四组齐了。

第五组缺小明,他上厕所了。

第六组齐了。

有同学急了:小明,组长喊你上课啦!

(三分钟后)

小明:我来啦!

这是在线学习"互动课堂"开始前留言区出现的情况,小组长最多会在一分钟内把全班的出缺勤情况汇报得清清楚楚。如果小组内有组员没有出勤,小组长往往会直接打电话联系他,迟到的学生碍于同学情面,会很自然地出勤。曾有学生在"互动课堂"中间偷偷"下线",刚"下线"就被发现了,小组长的电话马上追踪而至。如果拖小组后腿,失去队友的后果会很严重。

4. 邀请家长线上进班,突破家庭和班级合作的时空局限

所谓家长线上进班,是指邀请家长进入自己孩子的线上班级,参与班级管理、班级活动和亲子会议等。

协同育人是《中小学德育工作指南》提出的六大实施途径之一,该部分内容的第一句话就是"要积极争取家庭、社会共同参与和支持学校德育工作"。怎么落实呢？从时间角度来看,学校上课的时间正是大部分家长工作的时间,即使现在有小学一年级的校园开放日活动,也多是一学期一次;从空间角度来看,大部分教室里的学生和课桌已经满满当当,很难有空间让家长进教室听课……即使是家长委员会成员,参与学校决策和活动的次数也不多。

在开放的网络空间,邀请家长线上进班,时空局限不再是难题。只要家长方便,随时可以进入线上班级的课堂"围观",可以进入作业区、讨论区、展示区了解班级的相关情况,可以在班级空间里留言……简而言之,邀请家长线上进班,能够让家长深度参与班级生活。

家长给孩子点赞

学生居家学习期间,王老师在班级内开展了家务劳动学习活动,要求学生一个月后在线上班级的展示区里上传家务劳动视频,同时进行点赞和留言。

王老师在分析活动情况后发现,平时交往多的学生之间点赞很多,交往少的学生之间点赞很少,这种以人际关系远近为主的倾向性评价显然偏离了活动的本意。怎么办？王老师思索一番之后,邀请家长也来点赞和留言。

作为成年人的家长一进来展示区就明白了王老师的良苦用心,先给原本获赞数量少的学生点赞,这些学生非常高兴。有的学生回应道:"谢谢某某妈妈的表扬,我会继续努力的。"家长的点评更为中肯和具有鼓励性:××同学洗碗时水龙头开得很小,讲究节约用水;××同学擦桌子很有方法,既干净又利落;××同学拖地板,每个细节都很完美……有了家长的参与,劳动展示活动的人气指数直线上升,学生从家长的点赞中提升了劳动的兴趣,增强了劳动的信心,懂得了劳动的技巧。

受此活动启发,王老师又发动家长开发了家务劳动指导微课程,家长亲身示范和讲解,有的讲包馄饨,有的讲叠衣服,有的讲系鞋带……

从这个案例中不难发现,家长既参与了家务劳动的指导和督促,又参与了全班的评价,还参与了家务劳动指导微课程的开发,极大增强了劳动教育的实效性。

邀请家长线上进班,现在还只是萌芽阶段,但其教育影响已经显现,其教育作用有待于进一步开发,其参与内容可以进一步扩展,其参与形式可以进一步创新。从校园教室转向网络空间,家庭和班级合作大有可为。

3　线上交往：从原始住民到文明网民

实践困惑

线上论坛成了吵架的新地方

一位外校家长向本校领导反映，他的孩子与本校的学生在一个线上论坛里不仅吵架，还要相约打架。

以前，这两位学生在论坛里相处得比较好，所以都知道对方的学校。现在，两位学生的关系闹僵了，本校的学生威胁说要请人"修理"外校的学生，外校的学生害怕了，就告诉家长这件事，家长请求学校出面处理这起学生"吵架"事件。

班主任有点纳闷：本班孩子的行为表现一向都是中规中矩的，怎么到了线上就会出现问题？学生上网引发的交往问题又该如何教育呢？

现在的中小学生出生在网络时代，被戏称是网络"原住民"。怎么到了线上就会出现问题？日益增多的线上交往又该如何引导？班主任纳闷的问题值得教育者深思。

概念辨析

线上交往是指发生在线上的人际交往行为。网络作为一种全新的人际交往手段，有交往方式的间接性、交往角色的虚拟性、交往行为的直接性、交往关系的平等性等特点。人们借助微信、QQ 等社交软件可以进行语音聊天和视频聊天等。线上交往有时会让学生沉迷游戏、行为失范、人际冷漠、人格异化、价值观混乱等。

网民泛指所有通过计算机和互联网进行网络活动的人。中国互联网络信息中心认为，网民是指平均每周至少使用互联网 1 个小时的公民。

在学术研究领域，不同研究者根据其研究内容和研究对象的不同，对"网民"的界定也有所不同。有研究者严格区分了网络使用者、网络受众、网民三个概念，认为只有那些网络活动具备一定的特征与特质的网络使用者才可以被称为网民。

《网络受众心理行为研究》认为，网民是"网络信息查询"这一特定网络活动的参与者。《网络互动中的网民自我意识研究》认为，应该从网络使用者的行为效果出发来阐释网民概念。由此可见，研究者普遍认为并非所有利用互联网的人都可以被称为网民。[①] 网民主要是一个从网络使用者的行为效果来阐释的概念,在个体自我意识、对使用网络的态度、网络活动的特征、网络活动的行为效果等方面表现出一定特点的使用者才可以被称为网民。

🔔 理性思考

互联网为人际交往增加了新渠道,线上交往正以全新的社会交往方式吸引着越来越多的学生网民。线下中规中矩的学生怎么到了线上就会出现问题?

1. 网络化对传统伦理道德造成了较大冲击

这在线上交往中表现得非常明显。第一,网络虚拟交往环境削弱了传统伦理道德的约束环境。伦理道德的约束机制有两个相辅相成的方面,即以信念、意志等为主的内在方面和以舆论、监督等为主的外在方面。线上交往的虚拟性和不确定性不仅会削弱外在的约束功能,同时也会弱化内在的自我约束机制。第二,线上价值观淡化了传统道德价值观。传统交往中应遵守的真诚、信义、责任等价值标准在线上的认同度并不高,随意交往、自得其乐、为我所用、不计后果等在线上大为流行,其深层思想则是强烈的个人本位和自我中心。第三,网络化对传统伦理道德造成了较大冲击。传统伦理道德把诚实守信作为人际交往的基本准则之一,但线上容许合理的虚拟,这与传统伦理道德要求是矛盾的。另外,线上交往也逐步形成了一些自己的道德规范,如不能往聊天室"灌水"等,这也从某种意义上丰富了伦理道德规范的内容。

青少年线上交往中存在着大量的非道德行为,如粗言恶语、人身攻击等。互联网是个相对自由、宽松的地方,但不等于不要伦理道德。目前,系统的线上伦理道德体系尚未建立,对青少年的伦理道德教育主要还应立足传统的伦理道德规范。[②]

2. 线上交往的低龄化及其教育的缺位造成教育难题

为了上网课、线上交作业、方便联系孩子,大量的家长给孩子购买手机、电话手表等电子产品,电子产品的普及率在小学生中也相当高。我们从访谈中了解到,学生创建的群聊,大部分内容就是比拼各种表情包,有的学生会在群里发红包比拼谁有钱,有的学生会把朋友圈以及一些小程序上的内容转发到自己的群里,

---

① 朱丽.突发公共事件中网民的角色功能[J].新闻爱好者,2012(9).
② 马倩.对青少年网上交往行为的分析及引导[J].青年研究,2000(9).

小部分群是为了背着老师、家长吐槽,或者聊些不愿意被其他同学知道的事。学生非常容易在上面花费大量的时间。而很多未经筛选的信息直接在群里流传,会影响学生性格与品德的养成。

对于家长来说,电子产品的监管也是一个难题:一方面,孩子使用手机、电子手表、平板电脑等电子产品有正当的理由,无法直接用没收这种简单粗暴的方式;另一方面,由于电子产品和网络有其特殊性,家长无法时时刻刻杜绝孩子偷偷使用微信做其他的事。可以说,家长在孩子使用微信这件事上,监管方法缺失,甚至无法监管。所以,大部分家长都不支持孩子使用社交软件。中小学生心智尚不成熟,自我控制力较差,热衷于新鲜事物,非常容易被外界影响。他们并不知道如何正确地使用微信,把微信作为一种工具和一种资源。而在这一方面,学校和社会也并没有一个具体的使用细则。

线上交往已经成为班级亚文化的一部分,"聊天群"影响班集体建设。由自己的好友组成的微信群是一个相对封闭的小圈子,这种小圈子常常具有权威性、隐蔽性和排他性,群成员关系密切,非常容易建立共同目标或共同实施一个方案、做一件事。如果是积极型的小团体,对于学生的成长、班集体建设来说是有利的。如果是消极型的小团体,便有可能会破坏师生之间的关系,影响班级管理,对于班集体建设产生很大的影响。

操作策略

引导中小学生线上交往,首先要进行网络安全教育,其次要重视线上班级建设,这两部分内容已经具体阐述过了。需要说明的是,除了在线学习需要的线上班级建设外,日常的线上交往更具有不可控性,特别需要加强引导。

1. 创建学生群,明确线上交往的规则

目前,多数班级已经利用 QQ 和微信建立了家长群,有的班级也建有学生群。对此,我们认为,与其让学生在私下寻找和建立"朋友圈",还不如有意识地组建学生群,开辟引导学生学习线上交往技能的教育课堂。除了班级大群,还可以引导学生成立小群,如假日小队群、读书群、学习帮助群、手工制作群等。

(1)学习制定规则

按照班级事务决策的流程制定规则:一是个人初拟规则,规则要符合全班大部分学生的需求并且能让家长和老师接受;二是小组商量交流,集思广益,共同拟定微信使用规则;三是班级讨论协商,充分听取和尊重每位学生的意见和建议,进行相应的取舍与补充;四是全班投票确定,按照少数服从多数的原则对各项规则逐个表决。

(2) 建立监督机制

如果只有规则没有监督,规则就形同虚设。根据社交软件使用的特殊性,学生、教师和家长都有监督的职责。家长有不定期抽查的权力。如果违反了规则,那么相应地会减少使用时间。相应的监督和惩罚机制有助于线上交往规则的落实。

四年级的群规则

公共生活群规则:(1)所有群成员使用实名制,禁止使用昵称;(2)分享正面积极的信息,如活动照片、学习资源、热点话题等,为班级献计献策;(3)不"灌水",不争吵,不骂人,不发影响班级团结的内容;(4)晚上 9:00 后不在群里发消息,有重要事情可以直接跟老师联系,个别私人问题私聊。

个人使用规则:(1)微信使用的时间为周一到周五,每晚不能超过 20 分钟,周六周日使用时间必须和家长商量,手机要让家长监管,如有特殊情况必须征求家长和老师的同意;(2)不随意添加小程序,不随意点击陌生链接,如有需要必须经过家长和老师的同意;(3)注意网络交友安全,不随意添加好友,不接受陌生人的好友请求,不随意转账、发红包。

(上海市松江区第三实验小学　王艳老师)

群规则要在群公告里公示,告知每位成员详细阅读。规则可以根据实际使用情况进行相应的调整和补充。

2. 引导群分享,丰富线上交流的内容

建议教师在群里分享:春游和秋游等活动的美好留影、作业本和绘画作品等学习成果、运动会和班队会等班级生活风采……

建议学生在群里分享:才艺展示的视频、手工作品的照片、家务劳动的视频、小队活动的内容……

这样既能为学生创设分享的空间,又能为学生留下成长的足迹。

美食主播

班级中有一位男孩爱看美食主播的直播,有一段时间特别想当主播,便报名参加了"小小老师"的活动。周日下午,他在群里发布了事先录制的用微波炉制作苹果酱的视频,然后在群里进行线上答疑。

活动全程播报

暑假时,有一个小组选择去上海辰山植物园开展活动。该小组从制订计划到活动总结,对所有过程都进行了实时展示,给其他小组做了一个很好的示范。通过他们的展示,大家了解了他们的流程。其中,有位女生的组织能力特别强,给大家留下了深刻的印象。因此,在秋季运动会时,班级学生都提议让她参与运动会的筹备活动。

(上海市松江区第三实验小学 王艳老师)

有了群分享,线上交流的内容就丰富了,既促进了交流,也满足了学生自我展现的需要,对学生的各方面发展都是有利的。即使到了寒暑假,群里也照样热闹非凡,集体生活氛围依然浓厚。

3. 举行群班会,开发线上沟通的功能

所谓群班会,是指利用微信群或 QQ 群的形式召开线上班会,确定一个时间,群成员围绕某个主题进行讨论。微信群班会中,学生不用拘泥于时间,以文字、视频、语音等形式参与讨论、发表意见,师生双方还可以运用投票功能或网络资源来补充证明自己的观点。

你怎么看

在一个周末,我和学生约定了时间,大家共同在微信上开展讨论。在和学生聊了一会儿天后,我转发了一封离家出走的孩子的妈妈写的信,问问学生对于这件事的看法。

一开始,学生还是很拘谨的,都说这个孩子做得不对……我没有发表自己的看法,而是把网上表示羡慕的几条留言截图发到群里。这时,开始有学生站出来表达了同样的想法。我并没有制止学生,而是让他们畅所欲言。因为有了屏幕的保护,学生聊得很深入,各种意见都有,也让我充分了解了他们的想法。

接着,我抛出了"这个孩子为什么会离家出走""这种行为是否解决了根本问题"等问题让学生讨论,同时把今年有关孩子被拐以及离家出走的数据、新闻、相关视频发到群里……

学生的看法渐渐趋于一致,离家出走并不能解决问题,只会给自己带来更大的危险。同时,大家也探讨了当遇到问题无法控制情绪时的解决方法。

(上海市松江区第三实验小学　王艳老师)

相较传统班会,聊天式的网络班会让学生感觉是非正式上课,学生乐意说出自己的真实想法和观点,这有助于班主任解决班级管理问题。

除"群聊"外,也可以"私聊"。传统的师生沟通一般都是以师生直接面对面的形式开展的,以语言交流为主要方式。好处在于可以直接观察对方的表情,有助于及时解决问题。但是,当学生出现问题后,或是因为胆小内向,或是因为情绪不稳定,面对老师往往会产生一定的心理压力,无法准确表达。在这种情况下,学生较难把真实的想法说出口,而微信就提供了一个间接而有效的平台。

微信里说真话

我们班一群学生在走廊里打闹,结果影响了还没下课的班级,被其他班的老师批评了,我也批评了他们。只有几个孩子勉强道歉了,其他孩子虽然很不服气,但什么都没说。显然,教育并没有达到效果。

思考了一下,我让他们回家做完作业后用微信和我聊聊当天的事。当天晚上,我收到了他们的反馈:几位学生都承认了自己的错误,但更多学生在字里行间表达了疑惑,如"为什么不能在走廊里跑""为什么下课了不能大声笑""爱跑是孩子的天性,我们究竟什么时候能跑"。

一位学生还特别指出,一开始我觉得老师说的有道理,但就是觉得哪里不对,后来和同学一交流,就觉得同学说的也对。

(上海市松江区第三实验小学　王艳老师)

班主任有时真的很难听到真话,微信给了学生安全感,也给了他们组织自己想法的时间,让他们能准确表达自己的想法。微信也可以帮助一些胆小、内向或害羞的学生缓解直面他人带来的紧张,让他们在恰当的时机表达自己的想法,这有助于提高学生的交流、沟通能力。

4. 学会"点个赞",释放线上交往的善意

引导学生学会"点个赞",点赞形式可以自由选择表情图、文字、语音等,点赞内容可以是平时的学习进步、良好的行为表现、生活中取得的成就等,发布对象可以是老师、家长、学生,特别提倡学生给自己点赞。

我练习,我进步

一次运动会上,有一个踢毽子的项目。我在班级里进行了选拔,确定好了参

赛人员。当天晚上,有位落选男孩的妈妈来找我,她给我看了她拍的视频。原来,这位男孩得知有踢毽子的项目,很想参加,但是他并不会踢,所以,他每天晚上做完作业以后就开始练习,从一开始一个都踢不中到最后能踢中三个。视频把这位男孩努力练习的过程全都展示了出来。得知这个情况以后,我很受感动。于是,我在群里发布了这个视频,称赞了他的努力,又让这位男孩说说自己的想法。让我惊讶的是,部分学生在为他点赞的同时,也说了自己独自练习的经历。

(上海市松江区第三实验小学 王艳老师)

很多时候,大家会看到更明显的结果而忽略了过程。有些孩子通过努力获得的成果可能和其他人相比微不足道,但对于他们来说却是莫大的进步。而这些进步教师不可能一一在课堂上进行表扬。通过微信群的点赞,可以让大家看到这种进步,鼓励这些孩子继续努力前进。

随手拍

五年级的一次春游,吃完午饭,其他学生都光顾着玩,这时,班级里一位平时很顽皮的男孩,一个人默默地把午餐用的桌子收拾得干干净净。这一幕正好被其他学生看到,于是就有学生拍照发到聊天群夸奖他。群里的学生都表示了惊讶和称赞。

(上海市松江区第三实验小学 王艳老师)

在集体生活中,经常会出现一些学生的闪光点。这些行为举止往往是随机、一闪而过的,因此周围的环境常常是不能人为控制的。有时候可能周围并没有其他人,有时候当下的环境和时间是来不及进行表扬的。而微信就可以抓住这个时机,对学生的即时行为进行点赞。现在,有的班主任看到一些学生的良好行为,如帮助同学、主动维持校园整洁、爱护环境等,都会用手机记录下来发到聊天群里,让学生一起为他们点赞,并且鼓励其他学生向他们学习。

以下是一些相关讨论。

(1) 社交软件的使用引导必须基于班级实际情况。应用以上所说的微信使用方式时必须基于班级实际情况。中小学生使用微信目前并不是主流,有较多的家庭禁止孩子使用自己的微信,如果班级中使用人数不多,教师最好不要在班级管理中过多强调微信的使用。

(2) 老师和家长对社交软件的监督力度和方法有待完善。网络有随时、随地可以联系的特殊性,所以只要有网络和相关电子产品的支持,学生就可以随时使用微信。老师和家长除非做到完全没收电子产品,或是做到每时每刻地监控,不然还是没法完全监督学生,特别是对于自控能力差的学生使用微信的情况,在监督力度和方法上面,可以说仍然有所缺失。

置身网络环境下的中小学班主任也要与时俱进,充分利用微信等网络工具,努力探索和构建符合网络时代特点的班主任教育管理工作新模式。

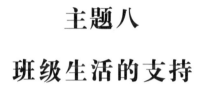

主题八

班级生活的支持

学生不孤单，

班主任不寂寞，

班级背后还有家长的支持。

家长的心也是热的，

我们的愿望是一致的，

让家长的心与班级一起律动。

1　班级家委会:从形式存在到深度协同

实践困惑

班级家长委员会,是这样的存在吗[①]

某小学的学生家长石女士告诉记者,孩子所在班的家长委员会只有两个人,一个会长,一个副会长,家长委员会成立 3 年了,从未组织过活动,也很少在班级群里发声。"家长委员会刚成立的时候,曾经想组织孩子们周末去免费体验一下生命安全体验课程,结果班里只有 3 位学生报名,其他人都说自己有课外班,时间调不开,最后只好不了了之。"石女士说,"还有一次,家长都觉得学校的午饭太素,希望家长委员会能出面与学校交涉,可家长委员会的成员不是说自己忙,就是说在出差,没一个人出面,最后还是家长自己跟老师和学校沟通的。"

班级家长委员会,是这样的存在吗?

家长委员会是家长和教师交流的纽带,是管理好班级的"第二羽翼",充分发挥家长委员会在班级管理方面的作用是建设和谐班集体的有力举措。[②]

按照现代学校制度建设需求,学校大力推进在各个班级层面组建班级家长委员会。这原本是推动家校共育深入开展的积极举措,但从新闻报道的内容来看,在具体实施过程中却存在着这样或那样的问题,有些班级的家长委员会仅仅是按照要求组建起来,并没有参与实际的班级生活,更谈不上行使权利和承担责任,班级家长委员会逐渐成为一种形式,对于班级生活来说可有可无。这样的班级家委会,组建起来还有什么意义呢?

概念辨析

班级家委会是班级家长委员会的简称,是指由班级的家长代表成立的组织,代表班级的全体家长参与班级民主管理,支持和监督班级做好教育工作的群众性自治组织,是班级联系广大学生家长的桥梁和纽带。与学校家委会和年级家委会相比,班级家委会具有如下特点。

[①] 叶晓彦.打杂? 攻关? 家委会到底该干啥[N].北京晚报,2019 - 11 - 4.
[②] 张尚伟.莫让班级家委会成"摆设"[J].教书育人(高教论坛),2019(28).

一是以班级为范围。班级家委会需要关注和服务的对象是本班的学生、任课教师、班主任和所有家长,需要讨论、处理的事务和开展的活动都与班级直接相关,简而言之就是对班级负责。

二是参与具体事务。班级家委会从家长代表的角度出发,听取和重视每位家长的意见和建议,关注班级家长微信群内的每条信息,多角度关心班级每天的生活,参加班级的活动,帮助班主任出谋划策……

三是日常运作自由。由于孩子都在同一个班级,班级家委会成员更容易直接获取班级的相关信息,商量活动和讨论问题的形式与时间都非常自由,与班主任交流和沟通也非常方便。

🔔 **理性思考**

对于案例中的现象,不仅家长会感到困惑,班主任和学校也会感到困惑,我们认为可以从三方面着手:一要更新建班观念;二要分析问题原因;三要行动与研究并行。

1. 组建班级家委会是加强现代学校制度建设的需求

从国家教育文件来看,《国家中长期教育改革和发展规划纲要(2010—2020年)》中明确提出"建立中小学家长委员会,以推进现代学校制度建设";《依法治校——建设现代学校制度实施纲要(征求意见稿)》中明确提出"中小学应当逐步建立健全班级和学校两级家长委员会";《关于进一步加强家庭教育工作的实施意见》中明确提出"建立学校(幼儿园)家长委员会,并逐步形成学校、年级、班级三级家长委员会网络,把家长委员会纳入学校日常管理"。

从国内外研究来看,美国学者提出了"交叠影响域理论",该理论认为,"家庭、学校和社区这三个地方实际上对孩子以及三者的状况、之间的关系发生了交互叠加的影响"[①],教育是由多个子系统构成的复合、开放系统。学校、家庭、社会等都是教育活动的子系统,各个子系统之间建立协同关系,可以保证教育活动整个系统的正常运转[②]。家庭作为教育活动中的一个子系统,应当有与学校的连接点,而实现这一连接的重要基础应该是家委会。《科尔曼报告》发现,造成儿童教育差异

---

① Epstein J L, Sheldon S B.学校、家庭和社区合作伙伴:行动手册[M].吴重涵,等译.南昌:江西教育出版社,2013.

② 彭知辉.论中小学家长委员会的组织定位[J].湖南第一师范学院学报,2017,17(3).

的主要原因不是学校物资和师资的差异,而是不平等的家庭背景及其所构建的社会闭合,即教育不平等的根源首先在家庭及家长对教育的参与,其次才是学校。[①] 可见,家长在孩子的教育中具有重要的作用,家长参与学校教育是促进儿童积极成长与发展的重要途径。

从教育实践来看,有研究调查发现,教师非常认可家委会对班级发展具有支持作用。教师认为家委会非常重要,不仅在辅助学校管理、开展活动方面发挥了很大的作用,还在沟通家校方面扮演着重要的角色。[②] 随着时代的发展、社会的转型,班级生活越来越需要来自家长的支持,无论是家委会提供促进班级生活向外拓展的社会资源,还是家长出于专业背景对班级生活提出更合理的建议,以及家委会基于孩子健康个性发展对班级生活进行的监督等,这些来自家庭的力量都可以为班级生活的积极发展提供必要的支持。

2. 探析班级家委会形式存在的原因

班级家委会本是家长参与教育的平台,是发挥家长教育协同作用的重要组织,而新闻报道中出现的"僵尸型"的班级家委会,其形式存在的问题背后折射出当前学校及家长对家委会的认识不够深入。

一是学校对班级家委会指导不力。有的学校没有统筹考虑三级家委会的不同职能及其活动开展方式,没有对班主任进行相应的培训和指导,直接让班主任"报上名来",至于班级家委会如何开展工作由班主任自己定。

二是班主任对班级家委会认识欠缺。不少班主任认为班级家委会是给自己增加工作负担的存在,或觉得班级家委会建立后会对自己的班级工作指手画脚,影响或阻碍自己的工作;也有班主任认为班级家委会就是自己工作的辅助组织,其存在与否完全看自己的工作需求。

三是文化程度与工作时间影响了家长参与。除了受"教育是学校的事"这一观念深刻影响外,影响家长参与学校教育的其他个人因素也较多。有调查研究结果显示,不少家长自认为受教育文化程度低,不懂教育就不应该参与;多数家长平时工作繁忙,缺乏充裕、灵活的时间来参与学校教育。[③]

---

① 吴重涵,张俊,王梅雾.家长参与的力量——家庭资本、家园校合作与儿童成长[J].教育学术月刊,2014(3).

②③ 杨玚.学校教育中家长的权利意识研究[D].华东师范大学,2019.

💡 **操作策略**

虽然家委会被较多研究者认定为应该由家长自发组建并独立运作的团体,但当前的实践远远没有达到这一层面,家委会从组建到运行依然极大地依赖着学校的引导,而班级家委会的功能发挥情况则主要依赖班级教师尤其是班主任的引导和推动情况。要想引导家委会从形式存在走向深度协同,班主任要关注以下几点。

1. 开启班级家委会组建工作

从总体情况来看,班级家委会组建出现"火爆"和"冷清"这两种极端现象的情况较少,"不温不火"的现象居多。从具体情况来看,每个班级面临的问题和情况都不一样。目前,班主任最关注的问题是家委会组建遭遇"冷清"。其实并非家长不乐意参与家校共育,其背后原因有很多。作为班主任老师不必着急,关键是要通过家长会或家长微信群等途径把班级家委会章程广而告之,说明清楚其相关的职能、权力和义务。一般来说,了解清楚情况后,大部分家长都愿意参加。

2. 帮助班级家委会明确职能

班级家委会组建后,并不意味着班级家委会就能立刻、自动地工作了。班主任可以通过线上或线下的会议,针对班级当前及今后发展面临的问题与家委会成员进行讨论,帮助家委会成员迅速明确自己的职责分工以及合作方式。

班级家委会职能分工

活动组组长:依据班级学生和家长的需求,组织家长开展交流分享与学习活动;组织家长积极参加班级活动;依据班级情况组织各种规模的校内外亲子活动等。

宣传组组长:负责搜集、整理家委会信息资料,如通讯录、各类活动报名信息;负责活动内容宣传及拍摄等工作。

沟通组组长:负责宣传沟通工作,如关注学校及班级动态,及时向家长进行宣传;接受家长申诉,反映家长要求,协调家长之间、家长与班级之间、家长与学校之间的关系;积极参与学校管理,对学校教育改革措施等提出合理建议。

财务组组长:筹集并管理家委会活动经费,做好班级活动的财务开支及费用核算工作。

后勤组组长:参与学校、班级各类活动的策划、安排工作,如后勤采购、场地布置、车辆安排等；积极整合学校内外及班级家长可提供的社会教育资源。

（华东政法大学附属松江实验学校　陈雪琴老师）

3. 带领班级家委会实际运行

班级家委会尚处于新生阶段，当前不少班级家委会成立后缺乏自主运行能力，主要是因为家长对需要做什么、如何配合没有经验。因此，班主任要帮助家委会找到工作开展的立足点。

在班级工作计划方面，班主任要介绍班级学情，推动家委会去调查了解家长的想法和看法，从家长的角度参与班级目标的制定与未来发展规划。

在班级发展需求方面，班主任可以从班级当前的问题与需求出发，鼓励家委会参与讨论解决的方法，尝试借助家长与家庭的力量解决问题。

在家班日常沟通方面，班主任要引导家委会反馈学生问题，帮助调解家长之间的矛盾，积极提供教育资源和活动设想等。

凡事开头难，有了班主任的指导和带领，家委会成员在学习行动中主动承担相应工作，家委会的组织作用就能慢慢发挥，其重要地位和价值就会日益体现出来。

"跑调"班级获一等奖

学生上三年级时，学校举办了校园红歌大赛，我们班被音乐老师判定为"跑调"的班级，大赛获奖希望渺茫。

可是，我对学生说："音乐老师说我们班音色不错，只要熟悉乐曲，好好练，我们就可以唱得很好！"随后，我又动员家长参与进来："各位家长，学校要举办红歌大赛，我们班大胆创新一下，想以家长和学生亲子同台演绎的形式参赛，孩子很希望跟爸爸妈妈一起唱歌。请有时间、愿意参加的家长积极报名。"

第二天，我就收到八位妈妈的报名留言。随后，我又请音乐老师为我们调整伴奏乐曲，降调为适合我们的音阶。接着，启动练歌打卡活动，学生和家长纷纷响应。两周的筹备时间很快就过去了，学生每天练习，越唱越好；报名的妈妈请假来校参与集体排练，从不缺席。比赛前，家长又自发采购了服装、道具，报名的妈妈自告奋勇担任化妆师、摄影师、啦啦队……孩子的参赛热情带动了家长，部分家长的积极行动又吸引更多的家长参与进来，看到这一切，我真的很高兴。

比赛当天，我们班以靓丽特色的服装、整齐嘹亮的歌声和蓬勃向上的精神面貌获得了评委老师的表扬。班会上,我趁热打铁,采访学生的感受,大家纷纷表示,"第一次和妈妈同台演唱,很开心""我们班真棒"……当一群人的心聚在一起,集体就产生了。集体的影响力、感召力是巨大的,让原本的不可能也变成了可能。红歌大赛后,我们班的氛围更加和睦、融洽。课上,学生更加自信了;课下,纷争、不和也渐渐消失了;我和家长的感情也一下子拉近了。

学生上五年级时,我们班再一次站在全校师生面前,献唱《我和我的祖国》,拍摄礼赞祖国的快闪视频!

(上海市嘉定区古猗小学　毛莹老师)

4. 推动班级家委会日常讨论

家委会在班主任的提醒和协助下明确了做什么,懂得了该怎么做,看起来是步入了正轨,其实,还远远未达成家委会的深度协同目标。要实现家委会的深度自主化,班主任还需要"推一把",帮助家委会建立定期与不定期讨论的制度,为家委会自主协同奠定基础。

一是定期讨论。班主任可以结合班级特点以及学生生活特点,规定家委会交流时间为开学前、放假前等某个日期,或者每月初或月末等。定期讨论的制度,有利于家委会围绕班级学生生活参与班级计划、班级总结等事项,为班级发展或开展相关活动提供支持。

二是不定期讨论。班级生活是变化发展的,这就需要家委会在日常生活中依据班级学生需求或者家长需求及时讨论。如某个时期,家长纷纷在微信群里交流亲子沟通问题。针对这一现象,家委会有必要自主运行起来,去调查了解班级家长对解决亲子问题的需求,再邀请专家开展对家长的培训活动等,邀请班主任对班级学生进行相应的教育与引导等。

5. 催生班级家委会内部动力

家委会是由不同背景的家长组成的组织,这个组织有着共同的目标、共同的服务意识和志愿精神、共同的心理基础。家委会要深入自主运转,还需要组织成员默契合作。

为此,班主任可以通过班级家委会亲子活动或沙龙等形式,促进班级家委会成员互相了解,增强家委会内部的凝聚力与成员的默契度。班级家委会成员交流越多,配合默契度就越高,在家庭和班级共育中参与的程度也就越深入。

庆"六一"亲子活动

一、活动背景

班级家委会关注到了青春期亲子沟通不畅的问题,协商后决定利用即将到来的"六一"国际儿童节,举办一次亲子趣味活动。

二、活动目的

引导家长发现孩子的青春期需求,帮助孩子了解父母之爱,增进家庭和班级之间、亲子之间的沟通与交流,促进学生健康成长。

三、活动分工

班主任总体负责,班级家委会主任负责家长之间的协调与安排,建立家长策划组、后勤组、拍摄组和财务组。

四、活动流程

活动时间:6月1日,周五下午。

活动地点:学校食堂、操场及班级教室。

活动对象:学生、家长、任课教师。

活动内容:活动前对学生进行保密,以增加学生的惊喜度和活动的神秘感。

环节一　相伴童年微班会

回忆童年:带领学生回顾步入初中以来的美好生活,展望即将到来的青春期。

携手成长:家长带着蛋糕进入教室,给孩子过14岁集体生日。

快乐通关:介绍活动规则。

环节二　携手游戏谁最强

孩子与家长自由分组,玩完所有的游戏才算通关,各小组按通关顺序到学校食堂集中。

环节三　与你共享,青春有梦

颁奖与感言,采访与感悟,分享硕果,写心情留言与愿望卡,放飞梦想。

(华东政法大学附属松江实验学校　陈雪琴老师)

班主任依据班级生活需求,积极推动班级家委会组织一两次这种类型的班级活动后,家委会对班级生活的参与意识便会增强,家委会在班级家长群中的影响力也会越来越大,且家委会成员之间的合作与参与意识会越来越强。

相关建议如下。

（1）学校需要重视对教师的培训。班级家委会是新生组织,无论是家长还是教师对其运行与发展尚在初步探索中。学校在家校共育中具有指导性,因此,学校要重视对教师在家校共育方面的专业培训,提升教师在班级家委会运行上的组织引导能力。教师的家校共育意识与能力水平,对家委会的运转具有重要的影响。

（2）教师需要增强互学共长意识。班级家委会的组织建设并非一朝一夕之事,也是由陌生到成熟,其中核心的推动者要么是班主任要么是家长,其中一方必须有较强的团队组织能力与引领意识。因此,教师要有主动学习意识,要懂得与家长的沟通也是一种相互学习、相互教育。教师不仅要具备向家长学习的心态,能主动以家长为学习对象,积极借鉴优秀家长的教育方式、方法和理念,还要接受家长的意见和建议,主动改进自身工作,促进自我内在升华。

综上所述,班主任要积极发挥家委会的作用,调动其他家长参与学校教育的积极性,引导家长为班级学生健康成长提供支持,提供优质资源与力量,把协同教育落到实处。

2　家长会议：从传统样板到以家长为本

实践困惑

谁去开家长会

"这次家长会，还是你去开吧！"爸爸皱着眉头说。

"以前的家长会不是都由你去参加吗？"妈妈疑惑地问。

"参加来参加去感觉都差不多，家长主要就是去接受教育，每次家长会的形式和内容都是老一套，去不去都一样，没什么效果！"爸爸无奈地说道。

"如果不去，会显得我们不重视孩子成长，你还是要去的呀！"妈妈的嗓门提高了。

"所以，让你去呀！"爸爸已经非常不耐烦了……

家长会是家校共育的重要途径和形式，是什么原因导致家长渐渐失去了参加家长会的积极性呢？"参加来参加去感觉都差不多"，案例中爸爸的话无意间说出了家长会一成不变的尴尬。在提倡以人为本的今天，传统的样板化的家长会能否以家长为本呢？

概念辨析

《新语词大词典》认为，家长会是学校同家长联系的一种方式。我国中小学为共同教育好学生，经常由学校或班级举行家长会。家长会上，学校汇报教导工作的情况，向家长提出一定的要求，并听取意见，以加强学校与家长的联系，提高对学生的教育效果。[①]

《中国小学教学百科全书·教育卷》指出，家长会是沟通学校教育与家庭教育的一种形式。学校与家庭联系的必要形式包括班级家长会、年级家长会、学校家长会，一般分班进行。班主任应根据具体的教育任务，以及全校家长工作计划提出的任务，规定一学年中召开家长会的次数、时间和内容，将其列入班级工作计划。[②]

《中国中学教学百科全书·教育卷》认为，家长会是班主任面向家长集体进行

---

①　韩明安.新语词大词典[M].哈尔滨:黑龙江人民出版社,1991.

②　李春生,郑新蓉等.中国小学教学百科全书·教育卷[M].沈阳:沈阳出版社,1993.

工作的一种基本形式,也是学校和家长互通情况、统一认识、研究如何教育好学生的一种重要方式。[①]

以家长为本,是指以家长的家庭教育需求为出发点,以家长的实际教育能力为基点,以帮助孩子健康快乐成长为聚焦点,在平等协商和自觉自愿的基础上,班主任和家长进行力所能及的配合和支持,从而既有效提高家长的教养能力,又能形成教育合力。以家长为本,符合以人为本的教育理念,同时也抓住了"人"这一能动的要素。

以家长的家庭教育需求为出发点,要考虑到家长的不同教育理念、教育期待、教育方式等方面的内容;以家长的实际教育能力为基点,要考虑到家长的不同文化层次、工作条件、个人品性、责任感等方面的内容;以帮助孩子健康快乐成长为聚焦点,要考虑到家庭人际关系中的亲子关系、夫妻关系、相处模式等方面的内容;平等协商和自觉自愿,是指要提倡合作精神;既有效提高家长的教养能力,又能形成教育合力,这是以家长为本的目的指向。[②]

🔔 理性思考

家长会通常的流程是先由领导介绍学校情况,再由班主任、任课教师介绍班级和学生情况,除了要求就是任务和建议。时间有限,家长只能做忠实听众,虔诚地听和记,积极地执行。教师也把它当成一种包袱,年年开,年年愁,没新意,没动力。[③] 因此,我们需要思考关于家长会的一些基本问题。

1. 召开时间

多数学校会把召开时间放在期中或期末考试结束后,结合考试情况给家长反馈孩子的成绩及在校学习情况。仅仅如此的话,家长会召开的必要性到底在哪里?每位学生的成绩可以通过网络发给家长,孩子在校学习情况也可以通过电话或信息等形式反馈给家长。家长和教师平时的工作都很忙碌,为什么一定要把这珍贵且难得的家校沟通时间统一放在考试结束后呢?

家长会到底应该放在何时召开,真的应该有一个统一的答案吗?每个班级的学生对象不同,每位学生对象身后的家庭也不同,这就注定每个班级发展的轨迹

① 林崇德,王炳照等.中国中学教学百科全书·教育卷[M].沈阳:沈阳出版社,1990.
② 王卫明.更好地与家长合作[M].南京:江苏科学技术出版社,2014.
③ 闻人雅南.新型家长会的五种形式[J].中国德育,2006(9).

不同。伴随着不同的成长节奏,出现的问题必然有差异,需要家校当面沟通而解决问题的时间也会存在差异。既然如此,家长会召开时间怎么能统一而定呢?

2. 参加对象

谁来参加家长会呢?从实际情况来看,出席次数最多的是妈妈,最少的是爸爸,还有爷爷或奶奶来代替参加的,折射出"父爱缺位"的家庭教育现状。

造成这种现象的原因有很多,如有的父亲受传统教育观念影响,对孩子教育的责任感缺失。目前,随着家长学识水平的提高和受社会大环境的影响,多数父亲能够意识到自己在孩子成长路上应该承担的责任,遗憾的是没有机会。从孩子出生到日后的成长,多数妈妈冲在第一线,没有给予爸爸参与孩子成长的机会,当然,有的爸爸也乐于当"甩手掌柜"。

家长眼中的家长会:已经习惯了这种千篇一律的模式,认为参加家长会并没有真正解决自己需要解决的问题,即使参加也没有什么收获,进而觉得参加家长会并没有太大的意义。越来越多的家长谈"会"色变,部分家长甚至认为家长会就是"批评会",所以根本不喜欢参加家长会。

教师眼中的家长会:无论是班主任还是任课教师,大多感觉在家长会上无话可说,其原因就是每次都是同样的话题,自己都觉得厌烦,但又不得不说。所以,教师眼中的家长会就演化为一场不得不去执行的"任务会"。

学生眼中的家长会:家长会就是一场老师向家长进行的"告状会"。家长会结束后,家长借班主任之名,巧妙地把自己对孩子的教育要求以老师的名义传递给孩子。这种做法不仅会疏远、撕裂和破坏师生关系,还会影响亲子关系。

3. 主题确定

年年岁岁"会"相似,家长会上的"苦口婆心"到底是家长的教育需求,还是教师的无奈抱怨呢?既然不"奏效",为什么还要屡屡"碰壁"呢?

家长会的主题到底应该由谁来定?学校有一个大的引领方向,每个班级的家长会主题应该由班主任来定,还是应该由家长来定?既然家长是主体,那主题就应该聚焦于家长面临的教育难题或家长在教育过程中面临的共性问题。没有考虑到这些,仅由班主任和任课教师单项思维决定的家长会主题,怎么可能引起家长的共鸣呢?

4. 会后延续

家长会召开前,教师通常会精心准备,充分考虑教室环境、会议内容、会议形式等。会议结束,对多数教师来说就是真正结束了,这次任务圆满完成。

这种虎头蛇尾的家长会,终究能有多少效果,对下次的家长会又能有多少启发呢? 问题终究还是问题,一切都没变,那到底为什么要召开家长会呢? 无论设计得多么完美的会议,实施过程中都会有问题遗留;在与家长沟通过程中,必定会激发出新的火花,这些都需要班主任会后去认真总结和反思。

💡 **操作策略**

1. 把通知书变为邀请函

家长和教师都是教育者,不是上下级隶属关系,所以,开家长会发通知书名不正言不顺。现在,很多学校和班级召开家长会,不发通知书,改发邀请函。

邀请函

尊敬的_____同学家长:

您好!

您的孩子在班级学习已有两月之余,您对他(她)的表现还满意吗? 您对我们的班级工作还有什么建议和要求吗?

根据班级发展实际情况,为满足家长需求,请您于本周____日____时来校参加____班家长会。

温馨提示:由于学校场地有限,请绿色出行。

非常感谢您对班级工作的大力支持与配合!

_____校____班

_____年____月____日

把通知书变为邀请函,体现的不仅是一种形式的改变,更是一种隐藏在头脑中的教育理念的改变。简单的邀请函渗透着学校和教师对家长的尊重,同时让家长感受到了在家长会中的角色改变,即不再是被动的聆听者,而是主动的参与者。

2. 参与对象多样化

从目前家长会实际出席对象的总体情况来看,主要有以下特点:一个家庭通常出席一位代表;妈妈最积极、参与次数最多,爸爸的参与次数相对较少;某些家长一直不出席家长会;某些特殊家庭由爷爷或奶奶出席。由此不难发现,家长会出席对象不够多样化。

（1）专门开一场爷爷奶奶家长会

这是针对"隔代教养"中存在的现象而言的。从实际教养人的角度来看，在某些家庭中，负责孩子生活和教养的其实是爷爷奶奶；在小学阶段，接送小学生的家长以爷爷奶奶居多；从教育需求来看，爷爷奶奶非常愿意与老师进行交流和沟通……由此可见，与祖辈合作不可或缺。根据具体情况，安排一个恰当的时间和机会，专门给部分爷爷奶奶开一场家长会，是必要和可行的。

（2）邀请爸爸开家长会

这是针对"父爱缺位"现象而言的。从家庭和班级合作的实践情况来看，邀请爸爸开家长会这一做法很受妈妈的赞同和支持。邀请爸爸开家长会，既表明了班主任对班级中爸爸教育孩子现实情况的了解和重视，也表明了班主任和妈妈希望爸爸自觉承担教育责任的期待，更表明了开展家庭和班级合作的新理念和新行动。班主任要邀请爸爸开家长会，让父爱由缺位到补位。

（3）允许学生参与家长会

不要简单地认为家长会是家长和教师之间的事情，不要轻易把学生排除在家长会之外。传统样板式的家长会很难满足家长和学生的需求，家长会的形式需要改革和创新。某些家长会的做法和经验值得参考和借鉴，如让学生参与讨论家长会的主题、制作邀请函、布置会场环境等，让学生展示作品、才艺表演等，让学生交流和发言等。

爷爷奶奶家长会

站在教室里，面对着台下的爷爷奶奶，王老师首先亲切地和他们打招呼，然后意味深长地说道："最近有孩子回家后说自己的铅笔又被偷了，自己又被同学打了……听到这些话，各位爷爷奶奶特别担心，对吗？"

王老师稍作停顿，此刻环视教室，有的爷爷奶奶神情严肃。"我们的小朋友刚进入一年级，很多事情都还没有搞清楚，一下子要融入一个大家庭，需要面对的问题有很多。铅笔找不到了，就认为被别人偷了，实际上是掉在地上被别的小朋友捡到并放在讲台上了！"王老师晃了晃讲台上那满满的笔筒。"哦，原来是这样！"爷爷奶奶放松了很多。

王老师耐心地给爷爷奶奶解释着，台下的爷爷奶奶露出了笑容……

这样的爷爷奶奶家长会，消除了爷爷奶奶的很多顾虑，为接下来班级工作的开展奠定了良好的基础,也为爷爷奶奶接下来针对孩子类似问题的引导提供了教育方向。

3. 让家长成为主角

从较多的家长会过程来看,家长一直处于被动听从的状态,能够发言的时间和机会很少。为了让家长真正成为家长会的主角,班主任需要调整自己的安排。

（1）避免"一言堂",给家长说话机会

班主任不仅要让家长全面了解孩子在校的表现和教育教学要求,也要倾听家长的心声。家长会上虽然不可能让每位家长都进行发言,但可以选择家长代表进行提问和交流,也可以选择家长目前共同关注的教育难题展开探讨。家长深入参与家长会的讨论和协商,对教育的理解会更深一层,从而可以有效地运用教育方法。

（2）避免大谈理论,与家长共商对策

孩子在成长过程中会产生各种各样的成长烦恼,而这些烦恼也是家长最担心的。一次家长会不可能把家长都培训成为教育专家,班主任大谈特谈教育理论不合时宜。家长最迫切需要的是教师能够静心倾听他们的教育烦恼和家庭教育诉求,帮助他们分析各种具体问题,与他们共同商量教育对策。

（3）避免硬性要求,让家长互相启发

家长会上,班主任有进行家庭教育指导的责任,但不能统一硬性要求家长怎么做,要考虑家长的教育能力以及家庭情况。班主任有意识地寻找和发现家长好的教育方法,让家长在家长会上进行交流,引导家长互相启发,从而巧妙推动家长教育家长,比班主任提要求的效果要好。

圆桌座谈会

据任课教师和班级部分学生反馈,最近班级有一部分学生使用手机软件搜索作业答案。具体有哪些学生,任课教师已经把名单反馈给班主任李老师,与学生的反馈基本一致。李老师并没有直接去找这些学生"兴师问罪",因为李老师知道这几位学生一定也做好了"被谈话"的准备。

李老师将这几位学生的家长召集来校,召开了圆桌座谈会。座谈会上,李老师首先倾听家长的反馈,这样每位家长都有发言的机会,使学生的共性问题暴露出来。在多数家长都发言后,李老师开始和家长一起总结、分析解决方案,最后达成班级针对"用手机搜索作业答案"的解决方案：家长与孩子及时沟通，让孩子明白用手机搜索作业答案的弊端；控制学生使用手机解决作业问题的方式和时间；签订家庭协议，家长监督；教师监督和教育。

最后，一份份协议和承诺、一张张监督和管理过程中的照片出现在家长群里，同时存在此问题的学生也被慢慢地改变着……

（上海市三新学校　李玉艳老师）

这种针对问题的圆桌座谈会的效果比大型家长会上教师对着家长点名批评和泛泛而谈要好多了。在探讨过程中，家长可以畅所欲言，而教师可以讲授方法、分享经验、提炼总结，负责组织和服务的工作。最终，问题得到了有效解决，同时促进了生生关系、师生关系和亲子关系的发展。

4. 主题内容由学校和教师确定转变为班级家委会提议

不同年龄段、不同时期的孩子会面临不同的问题，比如，小学一年级、高中一年级的学生可能存在适应问题；要面临中考和高考的学生可能存在升学压力过大的问题；处于青春期的学生可能存在早恋、叛逆等问题。所以，家长会的主题内容应适时调整。

家长会主题应由家长提议，以家长教育需求为本。由班级家委会共同商量决定家长会主题，不失为一个好办法。

我们想了解的不是这个

今晚会召开八年级家长会，针对今天的家长会，班主任施老师已经做了精心的准备。即将进入九年级，结合学校要求，施老师对班级每位学生的成绩都进行了认真的分析，这样就可以让家长清楚自己孩子目前的学习情况了。

施老师胸有成竹地走进教室，开始了自己的"分析工作"。可就在施老师讲得很投入的时候，一位家长举起了手："老师，我们想了解的不是这个，成绩我们都知道，我们现在想了解中考的招生政策……"面对家长的突然提问，施老师一时不知从何说起……

（上海市三新学校　李玉艳老师）

案例中的施老师为什么在充分准备的情况下，最后还如此尴尬呢？因为他准备的内容不是家长需要的。家长会召开前，班主任要开展会前调查，可以采用开放性问题和选择性问题相结合的形式，了解班级家长在家庭教育过程中面临的问题,然后将这些问题交由班级家委会商讨,最后将多数家长的共性问题作为家长会的主题,而其他的问题可以作为家长会的内容之一。

家长会人人都觉得有必要开,但到底为什么要开却无法说清楚,最终演化为单纯为了开会而开会。原因从表象看在于开会目的不清晰,实际上折射出因为没有找到根本性的问题,导致开会目的不清晰。最终就形成了散漫、浮于表面的家长会,家长觉得来和不来都一样,失去了参与家长会的积极性。

5. 召开形式由线下会议转变为线上线下相结合

线上会议迅速、便捷,不受时间和地点的限制,适合于明确而简短的主题会议。线下会议可以面对面交流,更容易情感互动和沟通,适合于讨论复杂教育问题或者容易产生歧义的问题。所以说,线上会议和线下会议各有利弊,可以根据班级问题解决需要采取灵活多变的形式来开展。

家长会是实现学校教育与家庭教育密切配合的有效途径,成功的家长会有助于在家庭和学校、家长和教师之间建立一种理解、互信、共赢的合作关系。

家长会的重要性在于它有不可替代的独特价值:(1)每个人对问题的理解和解释都不同,所以需要家长会共议,从而达成共识;(2)家长会可以满足家长的教育需求;(3)家长会尊重了家长的教育主体性。

3 社区活动:从盖章证明到社区融入

实践困惑

行个方便,盖个章

暑假结束前一天的下午,小明妈妈匆匆来到居委会,拿出一张假期社区活动联系表,放到居委会工作人员面前说:"麻烦你行个方便,盖个章,明天孩子上学报到时要交给老师。"

居委会工作人员一看表格,有些为难地说:"暑假里,你家孩子一次也没有参加过社区活动呀!"

小明妈妈说:"本来我们孩子也是想积极参加活动的,可是挤不出时间呀!你们组织活动的时间,正好是我家孩子参加培训班的时间。我也听说你们组织的活动很好,可是现在的孩子忙得不得了。明天就要开学了,报到的时候要求交社区活动的表格。一个班级收不齐表格,班主任面子上也过不去。你就行个方便吧……"小明妈妈又把表格朝前推了一推。

居委会工作人员在"空白"表格上盖了鲜红的图章,小明妈妈连忙微笑着道谢……

在社区活动联系表上盖章,以此"证明"参与了社区活动,如此"盖章证明"真是货真价实的形式主义。当班主任收到学生上交的盖过章的社区活动联系表并知道了"盖章证明"的真相后,心情会如何呢?

这样的"盖章证明",有违学校和社区居委会的教育活动初衷。面对家长的这种请求,居委会工作人员只能善意体谅,盖章也是无奈之举。妈妈的想法和做法,实际上剥夺了小明参与社会实践的机会。

如何让社区活动中的"盖章证明"现象消失,让孩子更好地融入社区,从而发挥社区活动的育人价值呢?

概念辨析

1. 社区活动

社区活动在本书中特指中小学生参与的由社区组织的活动。社区活动一般有服务性活动、群众性活动、专业性活动。中小学生参与的社区活动,也是社会实践活动的重要组成部分。

社区活动的组织形式主要包括以下几种：一是由相关社区工作人员组织和开展的面向中小学生的社区活动；二是由社区居民自愿组成的非营利性的社团组织开展的情趣文艺类、公益类、利益维护类活动；三是由企事业单位、社会团体和其他力量等非营利性服务机构为满足社区特定需要而开展的非营利性活动。

社区活动有其独特的教育功能，是学校和家庭无法替代的。参与社区活动，可以引导学生进入社区了解社会环境，关心社区建设，主动参与社区公益活动，增长参与社区活动所需要的知识，学会现代社会人际交往的方法，提高沟通与合作能力，增强适应现代化社会活动的能力。

2. 社区融入

社区融入是指社区居民都可以平等地参与社区活动、社区决策与管理，有权享受社区提供的服务，对社区有强烈的归属感与责任感，社区不同群体之间可以在平等的基础上和谐共处。[①]

本书中的社区融入，特指中小学生能够主动适应社区生活环境，乐于参与社区活动，能够与社区居民和谐相处，对居住的社区拥有认同感和归属感。

🔔 **理性思考**

"盖章证明"现象背后的一些问题值得我们深思。

1. 社区活动的育人价值还没有被普遍重视

在"应试指挥棒"的影响下，家长普遍看重的还是学科知识学习。在双休日和寒暑假，家长首先想到的是让孩子参加各种各样的技能班和补习班，即使孩子在家，也要上网课。对于没有参与社区活动的原因，家长给出的解释是时间安排有冲突。

2. 社区活动的开展目前处于初级阶段

社区工作人员大多是非教育专业工作者，设计的社区活动主题与内容未必符合中小学生的年龄特点；一个社区中的中小学生，从小学一年级到高中三年级，年龄跨度相差较大；虽然学校对于社区活动有布置、有要求，但仅限于书面意见，报到率还是偏低，参与率则更低；社区活动资源是有限的，有的社区刚刚建立，工作

---

① 刘建娥.乡-城移民社会融入的实践策略研究——社区融入的视角[J].社会,2010(1).

人员相互之间还不熟悉……

3. 社区活动要求"盖章证明"的负面影响

"盖章"只是社区活动管理过程中的一道手续而已,这种表面上的形式其实也证明不了什么。社区活动联系表上的活动时间和活动内容是空白的,仅仅有一个"鲜红的图章印",这只能说明这张社区活动联系表到过居委会,无法证明学生真实参加过社区组织和开展的活动。"盖章证明"让孩子学会了逃避,学会了敷衍,学会了做"表面文章",负面影响深远。

操作策略

虽然各地区的社区活动开展情况不一,班主任难以参与上级的设计和管理,但却可以影响本班学生参与所在社区具体活动的行为,比如,在寒暑假的初期就要求学生和家长通过班级微信群汇报到社区的报到情况,其间分享社区活动体验等。下面为大家分享提升社区活动质量的三个策略。

1. 家庭和班级携手创建社区家委会

所谓社区家委会,是指以学生居住社区为单位建立的家长委员会。社区家委会与班级家委会、年级家委会、校级家委会合称"四级家委会",由此可建立班级、家庭、社区"三位一体"的共育体系。

目前,社区家委会正在研究探索中,可以根据社区的学生人数和实际需要建立班级社区家委会、年级社区家委会、校级社区家委会。由于现在实行"就近入学"原则,班级中大多数学生都集中在一些邻近的小区,建立班级社区家委会的可行性很强。即使人数少,也可以与同年级的其他班级组建年级社区家委会,也称跨班级社区家委会。

社区家委会拥有地域上的便利性以及时间上的灵活性,可以开展灵活多样的自主活动,如一起庆祝传统节日、开展家庭教育经验分享交流活动和才艺展示活动等,从而调动家长和学生的积极性,形成"亲子成长共同体",实现"家长教育家长""学生影响学生"并共同进步的目标。

周末读书会

此设想来源于 2017 年秋季,上海市所有小学一年级学生使用了新版的部编版教材,部编版教材倡导"课外阅读课程化",但如何落实呢?

与班级家委会商议后,决定开设班级的"周末读书会",根据班级学生的社区分布情况以及就近原则组建了四个班级社区家委会，以社区为单位组织活动，以家庭为单位轮流主持活动，教师负责活动的整体构架设计和指导。该活动持续了一个学期，产生了良好的效果，班级学生的阅读量大大提高，全班家长和孩子参与的积极性特别高。

第二个学期，继续开展"周末读书会"这一成功的班级活动，并拓展了学校组织的各项活动。例如，我们把"科技节"的"变废为宝再利用"活动细化为"海派社区收集废弃瓶盖活动""晨星社区收集废弃吸管活动""华泽社区收集废弃塑料袋活动""新东苑社区收集废弃衣物活动"。这样，活动的参与度更广了，学生和家长的积极性也更高了。

一个学年后，我们借助社会网络分析软件，对社区家委会组建前后班级学生同伴关系状况进行二维可视化分析，发现班级的同伴关系更具有凝聚力，边缘化学生明显减少。

（上海市松江区新桥学校　石永坤老师）

从案例中不难发现，由于活动的参与度提高了，每个社区的学生交流的机会增加了，关系也更加紧密了，班级同伴关系出现了"社区化"的现象，形成了更加具有凝聚力的班集体。

2. 家庭和社区牵手组建社区家长群

家庭和社区之间联系的一大障碍是活动信息获取不畅，家长和孩子不知道社区活动的时间、地点和内容等相关安排，参与率也就大打折扣，社区工作人员不知道家长的教育需求和孩子的活动兴趣，社区活动的吸引度也就大大下降，仅仅依据学校在寒暑假所发的社区活动联系表难以保障活动的有效开展。

其实，要破解家庭和社区之间的联系障碍很简单，只需要建立一个社区家长群。社区家长群的成员可以由社区工作人员、该社区的所有家长、学校教师代表构成。有了这样一个联系平台，充分发挥社区家长群的功能，沟通就能真实发生。

（1）开发社区活动资源

社区资源是一种校外资源，在拓展社会实践方面具有重要作用，为进一步促进社区教育的发展，需要充分利用社区资源。社区资源包括显性资源和隐性资源，目前很多显性资源利用率不高，如小区和周边的文化广场、图书馆、超市等；很多隐性资源还没有被挖掘出来，如家长的职业资源、专业知识、文化兴趣等，家长的社区活动参与程度极低。

（2）招募家长志愿者

社区工作人员数量有限，更何况他们还有其他工作。如果参与社区活动的学生数量很多，在安全和管理方面就存在隐患。招募家长志愿者是一个可行的办法，其一是因为目前出现了部分的"全职妈妈（爸爸）"；其二是因为有些爷爷奶奶相对年轻健康；其三是因为现在愿意参与社区教育活动的家长越来越多；其四是因为很多家长都有志愿者的工作经历；其五是因为各个家庭地理位置都是相近的……总而言之，招募家长志愿者是切实可行的。

小区纳凉晚会

仲夏之夜，夕阳的余晖隐去了，小区的一片小广场上热闹了起来。

一些大人在小广场上忙着：有人在拿扫帚扫地，有人在忙着洒水，有人在布置电源拖线板，有人在拉横幅布置舞台，有人在指挥摆放小板凳……

一群小孩在人群中最引人注目：有的背着吉他，有的穿着舞蹈服，有的穿着统一样式的 T 恤……

音乐响起来，散步的人群渐渐聚集了起来，由小区里的孩子担当主演的纳凉晚会也正式拉开了序幕。

有家长在社区家长群里提出了小区纳凉晚会的建议，立刻得到了众多家长和孩子的积极响应。几位热心的家长毛遂自荐担任总策划，一位居委会工作人员协调了相关工作，小区纳凉晚会顺利开展。这样的活动开发了社区中的文艺资源，丰富了小区的夜生活，增添了小区的文化气息，更为孩子搭建了一个亮相和表演的舞台，成了社区中一道亮丽的风景线。

3. 学校和社区联手共建社区实践基地

社区中不同单位、不同机构的硬件，也可以成为重要的教育资源。学校可以联合相关德育基地，以社区为单位，探索统筹协调各类社会资源，积极争取社会支持，加强社会教育资源开发，进行校内校外统筹，发挥各方力量，合力打造一批社区实践基地。学校要让社会实践基地成为学生的第二课堂，成为学校教育的第二讲台，成为家长的第二客厅，成为社工的第二舞台，从而让社会资源更充分、稳定地发挥效用。

家门口的社区实践基地

上海市 SY 小学和居委会进行沟通联系，与银行、超市、图书馆、菜市场、派出所、消防中队、水厂等相关单位进行联动，制作社区实践基地手册，包括基地名称、内容、联系人、联系电话、开放接待的时间等，下发给本居委的中小学生，让他们利用双休日和寒暑假开展实践活动，每次活动体验完成后还会召开活动分享会，对不同学段的学生有不同的体验要求。

　　社会实践是中小学必修课程，可以由学校统一组织安排，也可以根据社区情况因地制宜开展。从上述案例中，我们不难看到以社区为单位联合开展活动的优势。这发挥了社区的支持作用，营造了家庭、学校、社会和谐共育的良好氛围，有组织，有安排，真正给学生创造了一个安全、文明、内容丰富的家门口的社区实践场所，满足了学生的需求，让家长放心，让学生通过体验活动增长见识和提升能力。

后　记

　　本书是第四期上海市普教系统名校长名师培养工程(简称"双名工程")王卫明基地攻关项目"基于成长需求的班级生活变革的实践研究"的成果,该项目经上海市教育科学规划领导小组审定,被确立为 2020 年度上海市教育科研市级课题,立项编号为 C20128。

　　本书能够顺利出版,衷心感谢"双名工程"和上海市教师教育学院的大力支持与指导,诚挚感谢华东师范大学李家成教授的关心与指导,也非常感谢多位基层班主任和学校德育领导给予本书的经验与智慧。

　　参与课题研究和本书编写的成员主要有松江区骨干班主任发展共同体的教师王磊、计丽、李玉艳、王艳、吴晓莉、潘敏、尹秀华、李华、马月波、葛慧、陈雪琴、陆春雷,第四期"双名工程"王卫明基地的成员姚红贤、张玲、邓向明、陈慧、苏华萍、刘钦腾、施建英、陈丽萍、蔡晓燕。

　　本书共分八个主题,每个主题分为三个小节,每个小节又分为四个板块:一是实践困惑,聚焦实践中普遍遭遇的共性问题;二是概念辨析,对于其中的核心概念进行梳理和界定;三是理性思考,围绕实践困惑进行剖析并提出相应的观点;四是操作策略,分享实践经验,并附有具体的操作案例。

　　本书与大家分享的是中小学班级生活变革的相关实践经验与问题思考,仅供大家参考,欢迎和期待每位读者提出宝贵意见。

王卫明

2023 年 2 月

图书在版编目（CIP）数据

重塑班级 / 王卫明著. — 上海：上海教育出版社，
2023.5
上海市普教系统名校长名师培养工程
ISBN 978-7-5720-1963-0

Ⅰ.①重… Ⅱ.①王… Ⅲ.①中小学－班级－学校
管理 Ⅳ.①G632.421

中国国家版本馆CIP数据核字(2023)第077961号

总 策 划　刘　芳
责任编辑　杜金丹
封面设计　陈　芸

上海市普教系统名校长名师培养工程
重塑班级
王卫明　著

出版发行　上海教育出版社有限公司
官　　网　www.seph.com.cn
地　　址　上海市闵行区号景路159弄C座
邮　　编　201101
印　　刷　上海展强印刷有限公司
开　　本　700×1000　1/16　印张 12.75　插页 1
字　　数　210 千字
版　　次　2023年6月第1版
印　　次　2023年6月第1次印刷
书　　号　ISBN 978-7-5720-1963-0/G·1764
定　　价　56.00 元